HEYNE BÜCHER

Wolfram Siebeck

Die Beisln von Wien

Mit zahlreichen Rezepten
und ausführlichen Bewertungen

Wilhelm Heyne Verlag
München

HEYNE SACHBUCH
19/683

Umwelthinweis:
Dieses Buch wurde auf chlor- und säurefreiem Papier gedruckt.

Aktualisierte Ausgabe

Printed in Germany 1999
http://www.heyne.de
Umschlag-und Innenfotos: Peter Lehner,
Umschlaggestaltung: Atelier Ingrid Schütz, München
Satz: Kortsatz, München
Reproduktion und Druck: RMO Druck, München

ISBN 3-453-15743-5

INHALT

Wolfram Siebeck im Gespräch mit Michael Horowitz

Wolfram Siebeck, warum ausgerechnet Wien?

Warum studieren wir das Leben der Termiten in Afrika und nicht in Dänemark? Wien bietet einer Population von Kleinrestaurants Lebensmöglichkeiten wie keine andere Stadt Europas. Während sie woanders aussterben oder bereits ausgestorben sind, erleben die Beisln hier eine Revitalisierung von erstaunlichem Ausmaß.

Wie ist das, wenn man jahrzehntelang Restaurants mit anspruchsvoller Küche testet, wo es nur um höchste Verfeinerung geht, und plötzlich widmen Sie sich der deftigen Küche der Wiener Beisln?

Deftigkeit ist nicht von vornherein minderwertig, wie ja auch das Tafelsilber nichts über die Qualität des Küchenchefs aussagt. Allerdings wäre mir eine deftige Küche als Einzelfall keine Zeile wert. Hier handelt es sich jedoch um einen gesellschaftlichen Zustand.

Die Beisln sind ein Phänomen.

Wo verläuft für Sie die Grenze zwischen Beisl und Restaurant?

Ich bin da nicht kleinlich. Wenn ein begnadeter Koch sein eigenes kleines Lokal hat und neben extravaganten Köstlichkeiten auch eine Leberknödelsuppe und einen Tafelspitz im Repertoire hat, wenn ich bei ihm ein Beuscherl essen kann und abschließend Wiener Mehlspeisen, dann sehe ich keinen Grund, ihm die Mitgliedschaft im Beislklub zu verweigern. Nur darf es bei ihm nicht zeremoniell zugehen, und seine Preise sollten die Anziehungskraft der Erde nicht verlassen.

Und der Wein?

Gehört dazu wie der Kren zum Tafelspitz. Der Aufschwung des österreichischen Weins in den letzten zehn Jahren verläuft parallel zur Wiederbelebung der Beislküche. Ich sehe darin einen Zusammenhang. Darüber hinaus trösten mich die Grünen Veltliner, die Rieslinge und die guten Roten wie Blaufränkischer oder Zweigelt sogar über schlechtes Essen hinweg. Ich bin Ihren Winzern also sehr zu Dank verpflichtet. Im Ernst: Weder in Pariser Bistros noch in Schweizer oder italienischen Kneipen finde ich so saubere und bekömmliche Weine wie in Österreich.

Und in deutschen Kneipen?

Die Deutschen bevorzugen nach wie vor das Bier.

Sind Sie sich der Verantwortung bewußt, die Sie durch Ihre Bewertung von Küche und Keller, Ambiente und Personal der jeweiligen Restaurants haben, und daß Sie Alpträume auslösen können?

Sicher, viele werden nervös, wenn Sie mich erkennen. Ich merke das daran, daß ich viel länger auf mein Essen warten muß als andere Gäste. Aber letzten Endes gilt in der Gastronomie wie auch in der Literaturkritik, daß eine schlechte Kritik immer noch besser ist, als totgeschwiegen zu werden.

Hat ein Wirt schon einmal versucht, sich wegen eines strengen Urteils an Ihnen zu rächen? Hat es Lokalverbote und Beschimpfungen gegeben?

Ja, hat es. Das ist nur menschlich. Soviel ich weiß, sind hier in Wien schon Theaterkritiker von Schauspielern geohrfeigt worden. Sagen Sie mal einer Mutter, ihr Kind sei häßlich! Aber es gibt nun mal auch häßliche Kinder.

Ist in einer Zeit der Fast-food-Ketten und hektischen Schnellesser, der Nivellierung des guten Geschmacks, der Solidarität des Mittelmaßes, in der das Essen zur reinen Nahrungsaufnahme geworden ist, der Beruf eines Gourmet-Kritikers überhaupt noch nötig?

Mehr denn je! Kritik ist ja – nicht nur in kulinarischer Hinsicht – nichts als Konsumentenberatung und, im höheren Sinne, ein Stück Aufklärung. Aufklärung aber ist das wirksamste Gegenmittel gegen die Machtübernahme durch Schundproduzenten, naive Dilettanten und raffgierige Qualitätsvernichter. Den hohen Stand unserer heutigen Lebensqualität verdanken wir nicht der geduldigen Akzeptanz gängiger Produkte, sondern ihrer kritischen Untersuchung durch skeptische Konsumenten.

Womit kann man Ihren sensiblen Gaumen am meisten erfreuen und wodurch am meisten beleidigen?

Ich freue mich über einen Hummerschwanz genauso wie über eine Portion Kutteln, werde aber ärgerlich, wenn der Hummer zäh und trocken ist und die Kutteln fad schmecken.

Was sind die zehn goldenen Regeln zum Gelingen eines rundum harmonischen Essens, bei dem, zumindest für die Zeit des Genießens bei Tisch, alle Sorgen verschwinden?

Schwer zu sagen. Ein Picknick kann hochkulinarisch sein und Glücksgefühle auslösen. Ein Essen bei einem Koch der Formel-1-Klasse kann das auch. Ich glaube, Glück und Genuß sind nicht an bestimmte Umstände gebunden. Wahrscheinlich werden auf Hotelfachschulen Regeln aufgestellt, die das garantieren. Ich würde ihnen mißtrauen.

Was sind die Todsünden, die von Köchen und Wirten verbrochen werden? Wodurch kann eine Mahlzeit zur Tortur werden?

Ihre Frage zielt auf vorsätzliche Beeinträchtigung des Genusses. Ich glaube, die gibt es nicht. Es ist die gewöhnliche Dummheit, unter der Gäste leiden müssen. Wer in seinem Lokal eine Tonbandberieselung installiert, tut das ja aus Dummheit; er glaubt, es gefiele den Gästen. Unter Dummheit fällt auch das ständige Streben nach Kreativität. Erfindungen in der Küche sind nur ganz selten vernünftig, weil die kulinarische Vernunft so selten ist.

Was war Ihr schlimmstes Erlebnis als Berufsesser?

Es war in einem eleganten Gourmet-Restaurant auf dem Land. Wir gehörten zu den letzten Gästen und warteten auf die Rechnung. Plötzlich trabte der große Hund des Wirtes ins Speisezimmer, was er eigentlich nicht durfte. Dann tat er etwas, was er ebenfalls nicht durfte, und er tat es nur zwei Meter von uns entfernt.

Barbara war einer Ohnmacht nahe. Mir drehte sich der Magen um. Wir flüchteten ins Vestibül. »Er muß krank sein«, sagte der Wirt bekümmert. »Wer weiß, was er gefressen hat.«

In einem Ihrer Bücher haben Sie einmal geschrieben: »Die Tagesspezialität heißt: Menschlichkeit.« Ein wunderbarer Satz – wie haben Sie das konkret gemeint? Kann ein Restaurant für kurze Zeit durch die Menschlichkeit, die einen umfängt, zu einer Insel des Wohlfühlens werden; kann ein gutes Essen in angenehmer Atmosphäre »Leib und Seele zusammenhalten«?

Ich wüßte keine Gelegenheit, wo dieses Gefühl intensiver erlebt werden könnte. Schon in der Bibel spielt das gemeinsame Essen eine symbolische Rolle für den Zusammenhalt von Leib und

Seele. Bedenken Sie, daß jede Aussöhnung, jede Hochzeit, jeder Friedensschluß mit einem Festessen gekrönt wird. Kriegserklärungen wurden nie bei Hasenrücken und Chambertin abgegeben.

Sie waren jetzt nach längerer Zeit einige Monate in Wien. Wie haben Sie – abgesehen von kulinarischen Dingen – die Atmosphäre dieser Stadt empfunden?

Im Vergleich zu früher erstaunlich vital, munter und optimistisch. An allen Ecken der Stadt sind Leute dabei, sie zu verschönern, zu verjüngen. Und es sieht aus, als würden dabei die Fehler vermieden, denen andere Städte zum Opfer gefallen sind.

Was macht das Ambiente der Wiener Beisln aus, wenn man sie mit Pariser Bistros oder anderen europäischen Kleinrestaurants vergleicht?

Die wichtigsten Eigenschaften haben wir hier schon angesprochen. Zuerst und vor allem sind es keine Abfütterungsstellen für Neurotiker und keine sogenannten In-Lokale, wo man hingeht, um gesehen zu werden. Anders als im Bistro nimmt man sich im Beisl Zeit. Man sucht die humane Wärme, wie Wilhelm Busch das nannte. Und: der Beislgast ist ein Weinbeißer. Das ist eine besondere Sorte Mensch; denn Wein macht friedlich und weise.

Sie haben sich jahrelang in deutschen Publikationen über die trockene und unbekömmliche

Weihnachtsgans lustig gemacht. Auf einmal sieht man Sie hier genußvoll Gansl essen.

Wahrscheinlich kaufen die Wiener nur Qualitätsgänse; sicherlich haben sie eine große Routine im Gänsebraten. Es ist wahr, ich habe hier gern ein Stück Gans gegessen. Trotzdem möchte ich das nicht ständig müssen.

Glauben Sie, daß die Wiener das Leben anders genießen als zum Beispiel Deutsche?

Zweifellos. Deutsche genießen angestrengt. Für den Wiener ist Genuß die bessere Hälfte des Lebens. Die andere Hälfte kenne ich nur aus der Literatur, durch Karl Kraus, Helmut Qualtinger und Thomas Bernhard.

Wird die regionale Küche im immer enger zusammenrückenden Europa bestehen können?

Ich bin skeptisch. Die Nahrungsmittelkonzerne haben ein Interesse daran, daß Vielseitigkeit und individuelle Produktionen verschwinden. Sie haben auch die Macht, das zu erreichen. Andererseits lassen sich Konsumenten zwar über lange Zeiträume verdummen, aber nicht ewig. Eine aufgeklärte Gesellschaft wird das Schlimmste verhindern, hoffe ich.

Wann werden wir Sie in Wien wiedersehen?

Wenn es nach mir geht – schon morgen.

Wiener Beisl – Versuch einer Definition

Es gilt zu unterscheiden zwischen Beisln, wie die Wiener glauben, daß sie sein müßten, und den Beisln in der Vorstellung der Fremden. Beide haben sich ein Bild gemacht von dieser Spezies der Kleingastronomie, und beide haben miteinander wenig Ähnlichkeit.

Selbstverständlich wissen es die Wiener besser; und ebenso selbstverständlich sind die Klischeevorstellungen der Fremden nicht umzubringen und damit genauso zu berücksichtigen. Man sieht immer nur das, was man erwartet.

Dieses Buch ist für die Fremden geschrieben, für die Besucher der alten Kaiserstadt. Daher bitte ich die wenigen Wiener, die es lesen sollten, um Nachsicht.

Das Wiener Beisl besteht aus zwei Teilen: Küche und Ambiente. Während der Wiener mit der Küche kaum Probleme hat, spielt das Umfeld, in dem sie exekutiert wird, für ihn eine um so größere Rolle. An die Fleisch-und-Brösel-Diät ist er seit Kindesbeinen gewöhnt, die bringt ihn nicht um und nicht aus der Ruhe. Nach meinen Beobachtungen mißt er den kleinen Qualitätsunterschieden bei der Ausführung weniger Bedeutung bei als der Größe der Portionen.

Nie habe ich erlebt, daß einer die oft in gesüßtem Wasser ersoffenen Salate moniert; nie einen Wiener hilflos in die Runde blicken sehen, bevor er zum Salzstreuer griff. Den benutzt er automatisch, meistens schon bevor er sich überhaupt vom Geschmack seines Schnitzels überzeugt hat. Es ist ein Merkmal der Beislküche, daß dort mit Salz und Pfeffer – und mit anderen möglichen Gewürzen sowieso – zögernd umgegangen wird. Der irritierte Fremde sollte es als regionaltypisch akzeptieren.

Meine Bewertungen des Ambientes der einzelnen Beisln entspricht den Vorstellungen, die der Fremde, also auch ich, von Wiener Gemütlichkeit einerseits und andererseits von folkloristischer Authentizität hat. Das Folkloristische umfaßt in Wien die patinageschwärzten Holzarbeiten der Kaiserzeit, den Jugendstil, der in den Beisln mehr durch Thonets Stühle als durch die des Josef Hoffmann geprägt ist, sowie durch gelegentliche Überbleibsel oder Repliken der Wiener Werkstätten.

Für den Wiener Beisl-Aficionado sind diese Dinge nur reizvoll, wenn sie abgeschabt und verschlissen sind. Eher akzeptiert er eine Bahnarbeiterkantine als Beisl, als daß er sein Beuscherl in einem gestylten Ambiente verzehrte.

So lange sich darin nur eine Abwehrhaltung gegenüber den Klischeevorstellungen von Wiener Gemütlichkeit ausdrückt, ist das nicht verwunderlich. Die Bewohner anderer vom Tourismus befallenen Städte reagieren überall auf der Welt gleich. Doch in Wien kommt noch etwas hinzu. Ich möchte es das soziale Gemenge nennen.

Nur wenige Beisln haben eine Stammkundschaft von sozial homogenen Gästen. Fast überall sitzen sie bunt durcheinander, die Familien aus der Nachbarschaft, die Studenten und die Künstler, die Staatsbeamten und die Hotelportiers, arme Hunde und Besserverdienende. Und niemand stört sich an der Disharmonie, weil die sich augenblicklich verflüchtigt, wenn das erste Achtel eines Grünen Veltliners den Weg seiner Bestimmung gegangen ist. Es herrscht – schon vor diesem Achtel – nicht die geringste Animosität unter den so verschiedenartigen Gästen. Mag man den Wienern bei anderen Gelegenheiten nicht gerade ein Übermaß an Toleranz zutrauen, in einem Beisl sind sie alle gleich.

Sie essen ja auch alle das gleiche.

Die Alt-Wiener Küche, das Rückgrat und der Stolz der Beisln, ist wie alle aus der Hausmannskost hervorgegangenen regionalen Küchen begrenzt.

Immer Fleisch vom Rind (viel), vom Kalb (viel) und vom Schwein (viel), und möglichst immer eingebacken. Das ist das Leitmotiv der Beislküche; alles andere sind nur Transpositionen von C-Dur nach a-Moll.

Was die Fleischberge letzten Endes erträglich macht im digestiven Sinne, ist die geniale Erfindung des gekochten Rindes. Wenn die Wiener Küche eine kulinarische Bedeutung hat, dann in erster Linie wegen der Tafelspitz, Schulterscherzel, Hüferschwanzl und Kavalierspitz genannten Stücke vom Rind, die nicht wie bei den Primitivessern in der Pfanne oder auf dem Grill schwarz verbrannt, sondern sanft und schonend in einer würzigen Brühe gekocht werden.

Diese wunderbare Technik schließt die Existenz von schweren, butterigen Saucen aus.

Damit sich dies nicht nachteilig auf die Gewichtszunahme der Esser auswirkt, hält die

Wiener Küche noch einen Pfeil im Köcher bereit, der immer ins Schwarze trifft: die Mehlspeisen. Sie bestehen aus Mehl und Zucker, manchmal ist noch ein Ei dabei, häufig Topfen, Mohn und Marmelade und, um die Identität nicht zu verlieren, immer wieder Semmelbrösel. Und Butter. Ob Nockerln oder Palatschinken, Buchteln oder Golatschen, diese süßen Nachspeisen sind eine Verführung, der niemand widersteht.

Die Beislküche ist keine Gourmetküche. Wo sie sich dieser annähert – was der Fremde nach einer Woche Wien nicht unwillig zur Kenntnis nimmt –, runzelt der Beisl-Aficionado mißbilligend die Stirn. In seiner Welt haben Hechtklößchen nichts zu suchen, solange es noch Grammelknödel gibt in seinem Stammlokal. Beislküche ist deftiger kulinarischer Alltag mit all den Schwächen einer preiswerten und volkstümlichen Küche. Aber sie hat Charme, ist authentisch und läßt jeden Esser mit dem Gefühl vom Tisch aufstehen, sich mit Würde gesättigt zu haben. Gäbe es die Wiener Beisln überall in Europa, hätte es der konfektionierte Schund nicht so leicht.

KALTE VORSPEISEN sind meistens nicht erwähnenswert. Lediglich die im Schmalztopf eingelassene Leber von der Gans oder das Gänseschmalzbrot (es handelt sich nie um Stopflebern), können delikat sein, wie auch dünne Scheiben von gekochtem, marinierten Rindfleisch.

SUPPEN sind unverzichtbar, allein schon deshalb, weil beim Rindfleischkochen zwangsläufig kräftige Rindsuppen entstehen. Die darin servierten Leberknödel können vorzüglich, Sauerkraut- und Krensuppen lebensrettend sein.

FISCHE gehören kaum zur Beislküche; dafür sind sie zu teuer. Meistens waren sie tiefgefroren und werden vorzugsweise in Semmelbrösel gebacken, wodurch sie sich aufs vorteilhafteste den gebackenen Fleischteilen angleichen.

ERDÄPFEL, auch Kartoffeln genannt, sind eine der wichtigsten Zutaten in der Beislküche. Die Qualität der verwendeten Kartoffelsorten ist vorzüglich – meistens die festkochenden Kipfler –, und als Röstkartoffeln sind sie unzertrennlich mit gekochtem Rindfleisch verbunden. Die dafür gebräuchliche Schreibweise variiert ebenso oft wie die Verträglichkeit dieser Speise (Gröstel, G'röstete u. ä.). Sie kann fettdurchtränkt, zwiebelverseucht oder trocken und appetitlich sein.

FLEISCH ist die Basis der Beislküche. Es existiert in allen Formen, sofern es von großen, vierbeinigen Tieren stammt. Das Huhn fristet als Backhendl eine kümmerliche, die Ente eine exotische Existenz. Kleinvieh wie Kaninchen, Hasen und Murmeltiere sind selten. Aber Gänse kann man, wenn auch nicht überall, ganzjährig essen.

GEWÜRZE heißen auf Wienerisch Kümmel. Von progressiven Beislköchen wird auch schon mal Salz, seltener Pfeffer und ganz selten Knoblauch verwendet. Im übrigen verläßt man sich auf den Geschmack der in Butter, Butterschmalz, Kernöl oder Schweineschmalz gebackenen Brösel.

GEMÜSE sind eher selten auf den Tellern der Beisln zu finden, weil die Wiener der Meinung sind, eine Schüssel SALAT reiche für die nötige Vitaminzufuhr aus. Über den freuen sich allenfalls die Kaninchen und jene kindlich gebliebenen Esser, die gern gesüßtes Wasser schlürfen, mag dies auch als Vinaigrette gemeint sein.

KÄSE spielt in der Beislküche keine Rolle, weil jedermann nach dem Hauptgericht noch eine Mehlspeis essen möchte. Dieser NACHTISCH ist unverzichtbar, solange es sich dabei um die berühmten Palatschinken und Strudel handelt. Die mißraten den Köchen und Köchinnen nie, und im Idealfall, der keineswegs selten ist, geraten ihnen die süßen Knödel und Schmarrn und Teigtascherln zu außergewöhnlichen Köstlichkeiten.

Das große Wunder und eine tragende Säule der Beislkultur ist der vorzügliche österreichische WEIN. Viele Beisln servieren ihn in noblen Gläsern, manche haben Weinkarten wie Gourmet-Restaurants. Überall wird er auch glasweise ausgeschenkt.

Unter DIGESTIV verstehen die Wiener ausschließlich die ebenfalls exzellenten Obstschnäpse, deren Hersteller namentlich bekannt sind und sich – wie die besseren Winzer – eines großen Renommees bei den sachkundigen Beisl-Gästen rühmen können.

BEWERTUNG DES AMBIENTES

☆ ☆ ☆ ☆ = Klassisches Vorstadt-Beisl, auch wenn es sich in der Stadtmitte befindet. Halbantikes Interieur oder minimalistische Schlichtheit.
☆ ☆ ☆ = Bäuerliche Atmosphäre oder künstlerisch-chaotische Dekorationen, authentische Relikte.
☆ ☆ = Bürgerlich gepflegt, leicht spießig oder anonymes Dekor.
☆ = Schmucklos oder untypisch, verwechselbar. Kann aber trotzdem nicht ohne Charme sein.

BEWERTUNG DER KÜCHE

☆ ☆ ☆ ☆ = Perfekte Zubereitung und präzises Abschmecken der Speisen, welche durchaus der Alt-Wiener Hausmannskost zuzuordnen sind, innerhalb dieser aber eine Spitzenstellung einnehmen. Moderne Details und eine allgemeine Verfeinerung sind möglich.
☆ ☆ ☆ = Eine schmackhafte und erfreuliche Beislküche, die durch zusätzliche Originalität etwas über dem Durchschnitt liegt, mit wenigen Schwächen.
☆ ☆ = Eine ordentliche Beislküche, bei der Unregelmäßigkeiten wahrscheinlich sind und das Angebot nicht über das übliche Repertoire der Hausmannskost hinausgeht.
☆ = Eine einfache Küche mit Standardgerichten von unterschiedlicher Qualität. Auch hier werden viele Speisen frisch zubereitet, doch muß mit Mängeln gerechnet werden.

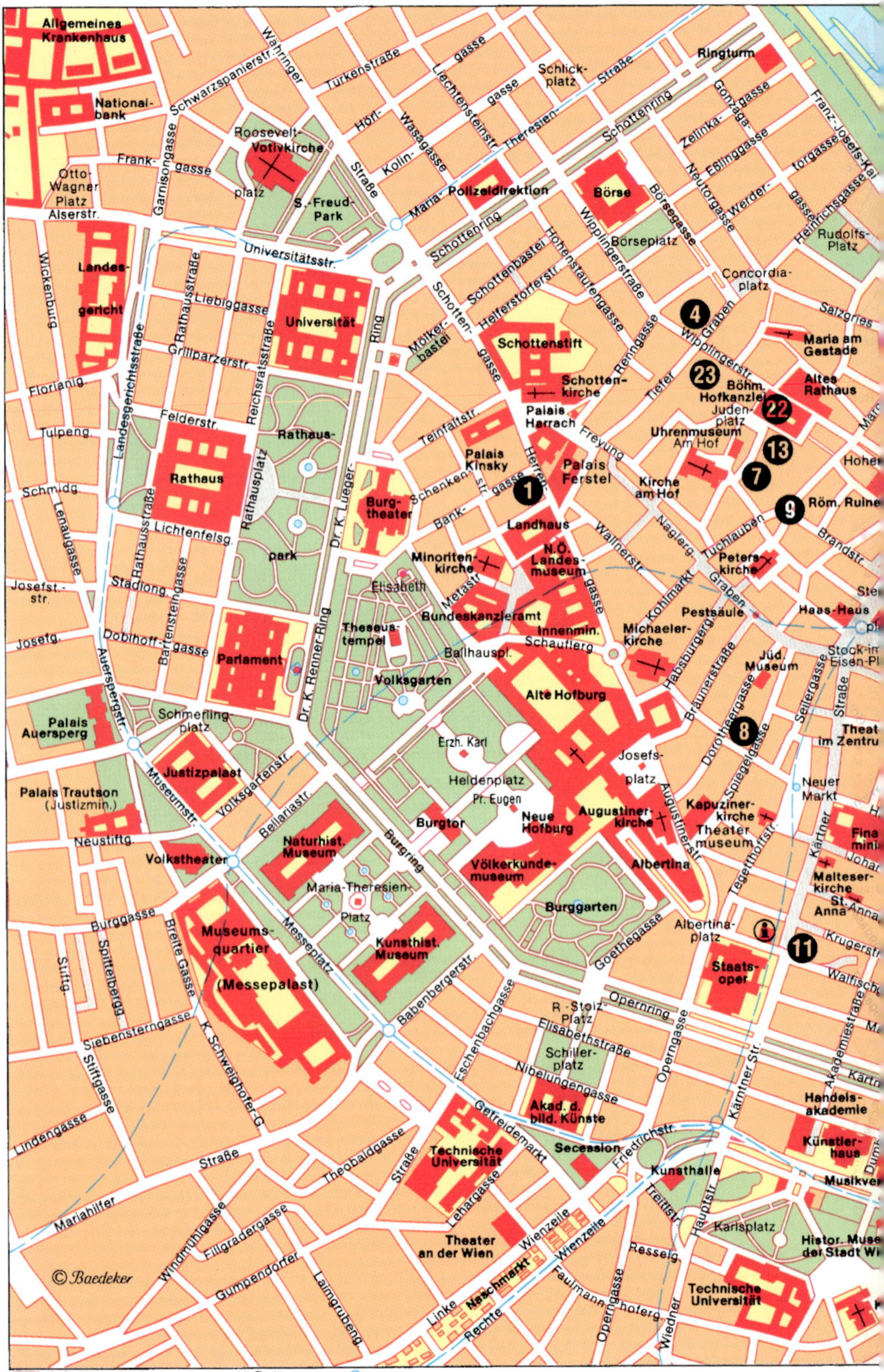

Fußgängerzone
U-Bahn

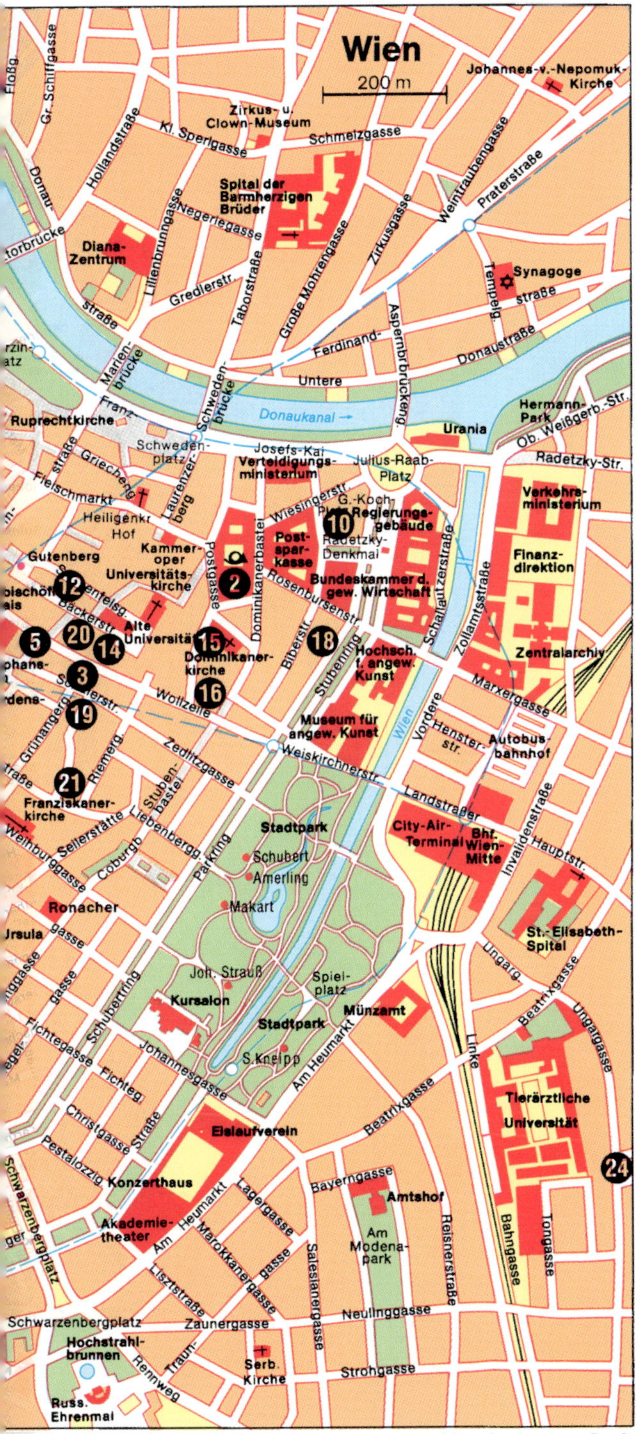

Plan der inneren Stadt

1 Bei Max
2 Beim Czaak
3 Dom-Beisl
4 Fadinger
5 Figlmüller
7 Gösser Bierklinik
8 Göttweiger Stiftskeller
9 Gutruf
10 Hedrich
11 Königsbacher
12 Neu Wien
13 Ofenloch
14 Oswald & Kalb
15 Pfudl
16 Plachutta
17 Salzgries
18 Schimanszky
19 Weibels Wirtshaus
20 Wein-Comptoir
21 Zu den 3 Hacken
22 Zum Scherer
23 Zum Schwarzen Kameel
24 Zum Alten Heller

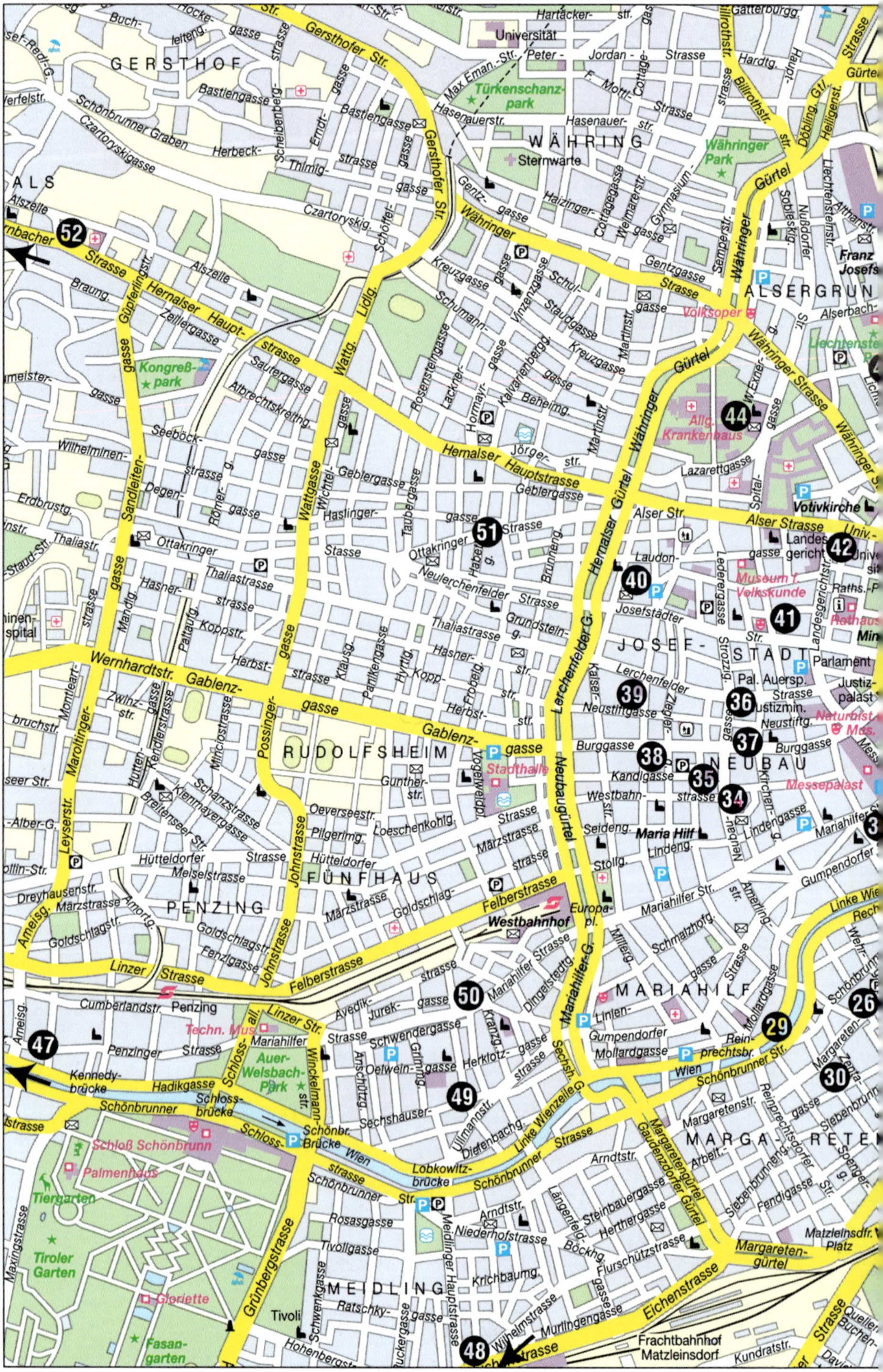
GERSTHOF
WÄHRING
ALSERGRUND
JOSEF-STADT
NEUBAU
RUDOLFSHEIM
FÜNFHAUS
PENZING
MARIAHILF
MARGA-RETE
MEIDLING
Universität
Türkenschanz-park
Sternwarte
Währinger Park
Kongreß-park
Allg. Krankenhaus
Volksoper
Votivkirche
Museum f. Volkskunde
Parlament
Rathaus
Landesgericht
Justiz-palast
Justizmin.
Pal. Auersp.
Naturhist. Mus.
Messepalast
Stadthalle
Westbahnhof
Europa-pl.
Techn. Mus.
Auer-Welsbach-Park
Schloß Schönbrunn
Palmenhaus
Tiergarten
Tiroler Garten
Gloriette
Fasan-garten
Tivoli
Frachtbahnhof Matzleinsdorf
Matzleinsdorfer Platz
Gersthofer Str.
Währinger Strasse
Währinger Gürtel
Hernalser Gürtel
Lerchenfelder G.
Neubaugürtel
Mariahilfer G.
Sechsh. G.
Gaudenzdorfer Gürtel
Margaretengürtel
Hernalser Hauptstrasse
Alser Strasse
Ottakringer Strasse
Thaliastrasse
Gablenzgasse
Wernhardtstr.
Felberstrasse
Linzer Strasse
Hütteldorfer Strasse
Mariahilfer Str.
Gumpendorfer Strasse
Linke Wienzeile
Schönbrunner Strasse
Schönbrunner Str.
Grünbergstrasse
Meidlinger Hauptstrasse
Eichenstrasse
Wattgasse
Johnstrasse
Possingergasse
Sandleitengasse
Hernalser Haupt-strasse
Neustiftgasse
Burggasse
Josefstädter Str.
52
51
50
49
48
47
44
42
41
40
39
38
37
36
35
34
30
29
26

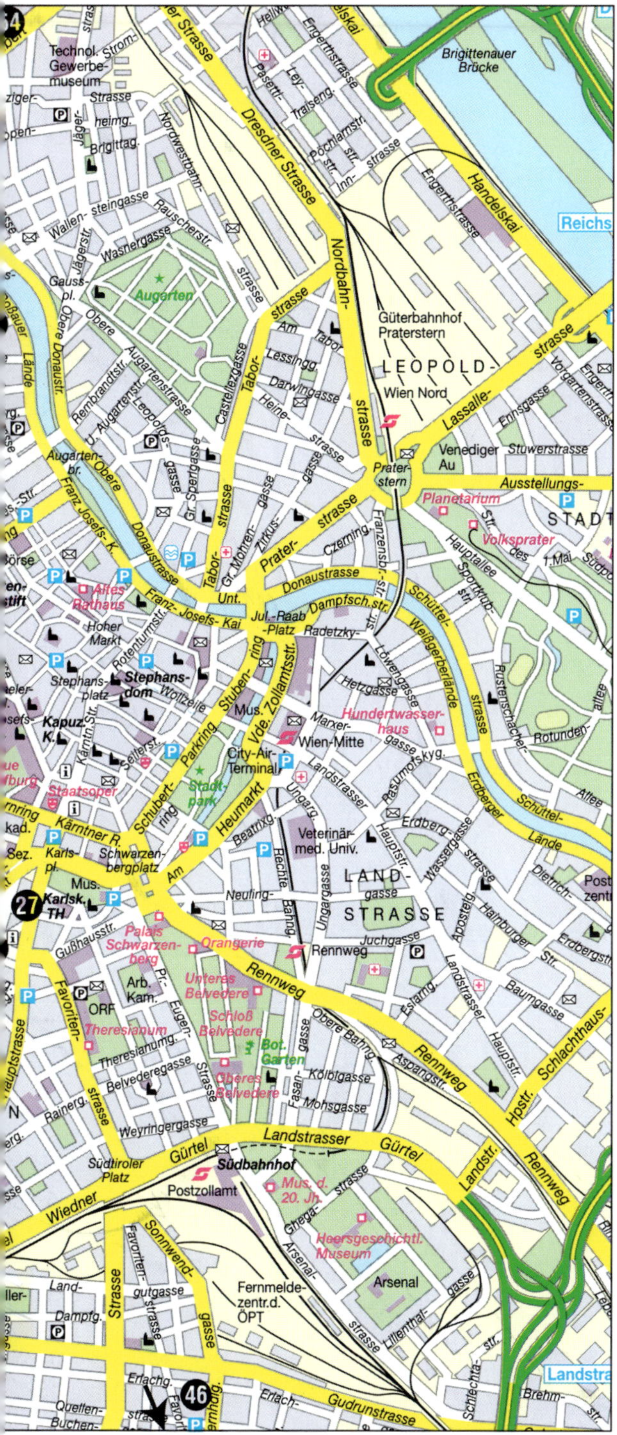

25 Amacord

26 Ubl

27 Zu den 3 Buchteln

28 Rudi's Beisl

29 Schwarzer Adler

30 Silberwirt

31 Zum Alten Fassl

32 Zur Goldenen Glocke

33 Ludwig van

34 Beim Novak

35 Grünauer

36 Karrer

37 Pontoni

38 Wiener

39 Zur Stadt Krems

40 Prinz Ferdinand

41 Schnattl

42 Zum Neuen Rathaus vulgo Adam

43 Stomach

44 Zur Goldenen Kugel

45 Wickerl

46 Meixner's

47 Hietzinger Bräu

48 Schlusche

49 Lunzer

50 Vikerl's Lokal

51 Blunzenstricker

52 Zum Herkner

53 Eckel

54 Renner

Heute frisch:
Topfen strudel

BEI MAX

1. BEZIRK

LANDHAUSGASSE 2,

TEL. 533 73 59

GEÖFFNET MONTAG BIS FREITAG

11.00 BIS 23.00 UHR;

SAMSTAGS, SONN- UND FEIERTAGS

GESCHLOSSEN;

RESERVIERUNG ERWÜNSCHT

AMBIENTE	KÜCHE
☆ ☆ ☆	☆ ☆ ☆ ☆

Bürgerlich und bescheiden ist dieses Beisl. Ersteres Attribut ergibt sich aus der Zusammensetzung der Klientel: seriöse, nicht mehr ganz junge Stammgäste. Mit Bescheidenheit sind nicht die sorgfältig gerahmten Fotos und Zeichnungen von Prominenten gemeint, nicht deren handschriftliche Bekundung von Zufriedenheit

Fotos von Prominenten Gästen beweisen: Bei Max wird die Beislküche zum Ereignis.

mit Maxens Küche, die die Wände der Speiseräume zieren. Sondern die Diskretion, mit der hier (gegenüber dem berühmten Café Central in der Herrengasse, wo sich Wiener Literaten vor und nach dem Ersten Weltkrieg die Klinke in die Hand gaben) eine erstklassige Beislküche produziert wird, ohne daß deshalb ein großes Geschrei gemacht würde. Gewiß, die Inhaber Christa und Herbert Ruiner betreuen die Gäste auf eine fast schon distinguierte Weise; aber ansonsten herrscht hier jene Beisl-Normalität, welche Voraussetzung für das schöne Gefühl ist, sich in Wien zu befinden und gut zu leben.

Außer den Fotos und Zeichnungen ist der erste Raum noch mit dunkler, mannshoher Täfelung geschmückt sowie mit einer Telefonzelle ohne Tür und einer Klimaanlage unter der hohen Decke, die einem Kienholz-Environment entstammen könnte. Der zweite, hintere Raum wirkt bunter, weil dort zu den Zeichnungen noch Plakate hinzukommen. Die Gäste sitzen lieber vorne.

Auf der Speisekarte wird darauf hingewiesen, daß hier die Kärntner Küche probiert werden kann. Mehrere Menüs bieten dem Neuling die Möglichkeit, sich mit der Diät der Bergbauern vertraut zu machen. Die ist allgemein gefürchtet als Verursacher entsetzlicher Alpträume. Denn die Nudeln genannten Magentorpedos haben unter Stadtneurotikern jeglicher Herkunft viele Opfer gefordert.

Zum Geniessen fein – Hausmannskost in Perfektion!

Doch Bei Max, o Wunder, lernt man eine andere, entschlackte Version dieser Küche kennen. (Über die sich, nach Aussagen der Wirte, Kärntner Ureinwohner denn auch bitter beklagt haben.) Da ist plötzlich die Fleischnudel kein fingerdicker Panzer mit einem rotbraunen Inhalt, sondern könnte fast schon als Jumbo-Ravioli durchgehen. Da gehört das Sauerkraut zu den Gründen, die einem das Wiederkommen erleichtern. Die Kirchtagssuppe ist zwar simpel und anspruchslos, aber trotzdem schön abgeschmeckt. Das marinierte Rindfleisch: zart, dünn und delikat; der Tafelspitz dürfte als Jahrgangsbester noch lange in Erinnerung bleiben. Und so weiter. Hausmannskost in Perfektion! Der abschließende Kaiserschmarrn hat die Pfanne selten so unversehrt verlassen wie hier. Und die in kleinen Schüsselchen aufgetischten notwendigen Beiwerke wie der Apfelkren, die Schnittlauchsauce, das Zwetschkenkompott, Bratkartoffeln und sogar der Salat sind bestens gelungen.

Fast alle Gerichte bekommt man auch als kleine Portion. Die nicht allzu große Weinauswahl ist nach dem gleichen Prinzip zusammengestellt: wenn schon nicht viel, dann wenigstens gut.

Beim Czaak

1. Bezirk
Postgasse 15,
Tel. 513 72 15
Geöffnet Montag bis Freitag
8.30 bis 24.00 Uhr;
Samstag 11.00 bis 24.00 Uhr;
sonn- und feiertags geschlossen;
Reservierung erwünscht

Ambiente	Küche
☆☆	☆

DIE TAFEL ALS SPEISEKARTE: ALT-WIENER KÜCHE OHNE SCHNICKSCHNACK.

Ein Traditionsbeisl bei der Hauptpost um die Ecke, schlicht und unkomfortabel. Im hinteren, dunkelgrün angestrichenen Zimmer sitzt man sehr eng, vor allem im Winter, wenn sich die dicken Mäntel an den Wänden breitmachen und den knappen Platz zwischen den Tischen noch verkleinern. Da helfen auch die alten Schilder von längst ausrangierten Straßenbahnen wenig. Vorne, vor der Theke, ist es heller, aber dort gibt es nur drei Tische. Ein Pseudodachgebälk (im Parterre!) kündet von unlängst verübter Renovierung, wie auch die sich darunter an der linken Wand hinziehende schwarze Tafel mit den Ver-

UNTER ALTEN STRASSENBAHNSCHILDERN TREFFEN SICH VIELE STAMMGÄSTE.

lautbarungen der Küche eine mehr dekorative als praktische Bedeutung hat. Schließlich ist der alte Holzfußboden erhalten; ein Detail, das man dankbar registriert. Nun wird dem Weinfreund das alles ziemlich egal sein; ihn betrübt allein das Angebot an Weinen. Es gibt nur offene Schankweine, davon wenige Sorten, und die gehören nicht zu den besseren.

So ruht die ganze Hoffnung des Gastes auf dem Angebot der Küche. Das ist ebenfalls nicht sehr

groß. Aber so typisch, wie es nur sein kann: Eintropfsuppe, Erdäpfelsuppe, Esterházyschnitzel, Kochfleisch, Bauernschmaus (das ist der Versuch, ein elsässisches Choucroute zu imitieren), Schinkenfleckern, gebackene Champignons, Powidltascherln, Apfelspalten – kurzum, die Alt-Wiener Küche wird hier praktiziert ohne Konzessionen an den Zeitgeist (welcher diese Küche ohnehin in sein Sortiment aufgenommen hat) und ohne das Bemühen, sie wenigstens im Detail zu verfeinern. Das Resultat ist eine bescheidene Qualität, die von Puristen als echt und traditionell bezeichnet wird, während der neugierige Fremde sich fragt, was denn so erhaltenswert an dicken und faden Teigtaschen sei, und wieso ein wenig mehr Salz und Pfeffer die Tradition zerstören würden. Doch dann beobachtet er, wie hier jeder zweite Gast einen Bekannten trifft, weil sie alle treue Stammgäste sind, er genießt das gepflegte Bier und trinkt zum kleinen Braunen einen ordentlichen Birnenschnaps, und irgendwie ist ihm die Antwort nicht mehr so wichtig.

DOM-BEISL

1. BEZIRK

SCHULERSTRASSE 4,

TEL. 512 91 81

GEÖFFNET MONTAG BIS FREITAG

8.30 BIS 19.30 UHR;

SAMSTAGS, SONN- UND FEIERTAGS

GESCHLOSSEN

AMBIENTE	KÜCHE
☆	☆

Eine schöne Fassade hat das schmale Barockhaus in der Nähe des Stephansdoms. Der Eingang des Beisls ist spinatgrün, der Bürgersteig davor mit schwarzen Blechschildern vollgestellt, auf denen die Tagesspezialitäten angekündigt sind. Verbirgt sich hinter der Tür ein weiteres Biedermeier-Juwel? Ein museumsreifes Wirtshaus bürgerlichen Zuschnittes wie so viele in dieser Stadt? Nichts von alledem. Das Dom-Beisl ist eine Spelunke. Na, sagen wir, ein Schlauch von einem Wirtshaus, unterteilt durch eine unschöne Glaswand. Der Rest ist zum Fürchten: primitiv und dekorativ verkitscht. Eine Kneipe, nicht mehr. Mit großer Skepsis zwängt man sich an einen freien Platz – wobei es keine Rolle spielt, daß am gleichen Tisch schon andere Menschen sitzen. Einige sehen aus wie brave Vorstadtbürger, andere wie wilde Trucker. Aber auch zwei Nonnen entdeckte ich nicht weit entfernt von unserem Tisch. Der nahe Dom und die Talar-Boutiquen machen sich bemerkbar.

So nimmt man sich ein Herz und bittet den eilfertigen Geschäftsführer mit seinem vertrauenerweckenden Bierbauch um die Speisekarte. Und dann geht alles rasend schnell. Am Eingang links wird gekocht und zugerichtet. Es ist ein schieres Wunder (die Domnähe?), wie schnell hier frisch zubereitete Speisen auf den Tisch kommen! Eine Kartoffelsuppe ist natürlich vorbereitet. Aber warum sind hier die Kartoffelstücke von bester Qualität (und gut gewürzt)? Wieso rissen die Semmelknödel bayerische Besucher am Nebentisch zu Begeisterungsstürmen hin? Die Palatschinken mit Marillenmarmelade waren glühend heiß (ihre à la minute Entstehung kann man beobachten) und weder zu dick noch zu süß. Das Krenfleisch vom Schweinebauch ist genau das, worüber viele Feinschmecker beim alljährlichen Schlachtfest ins Schwärmen geraten (nämlich weder fett noch penetrant schweinisch, sondern auf den Punkt genau gekocht), und daß den Mehlspeisen nicht die geringsten Fettspuren anhaften, wundert dann schon nicht mehr.

Das alles ergibt zusammengerechnet immer noch keine Beisl-Küche der feineren Art. Der Fußgänger sättigt sich im Dom-Beisl an deftiger Hausmannskost und an sonst nichts. Aber er tut es ohne Reue.

Wir haben es hier mit einer Unterabteilung der bürgerlichen Küche zu tun. Von dieser unterscheidet sich das Dom-Beisl wie eine der als »Les

Deftige Hausmannskost bringt Menschen aller Art ins Gespräch.

Routiers« bekannten Lastwagenfahrerkneipen in Frankreich von einem Edel-Bistro. Und wie in diesen findet man im DOM-BEISL unverfälschte Hausmannskost ohne jegliche Verfeinerung. Aber sie ist genuin. Es gibt Tage, da braucht auch die verwöhnteste Zunge genau das.

Fadinger

1. Bezirk
Wipplingerstrasse 29,
Tel. 533 43 41
Geöffnet Montag bis Freitag
9.00 bis 23.00 Uhr;
samstags, sonn- und feiertags
geschlossen;
Reservierung 2 Tage vorher

Ambiente	Küche
☆	☆ ☆ ☆

Der Fadinger ist ein Koch, der sich in seinem vorigen Küchenleben hohe Meriten erworben hatte, als er die Gäste eines kleinen, aber feinen Wiener Restaurants bekochte. Jetzt hat er sich selbständig gemacht hinter der schmalen Fassade des Hauses Nummer 29 in der Wipplingerstraße. Er hat, was vernünftig ist, kein Geld ausgegeben, um die anderthalben Gaststuben zu verändern. Also ist es dort noch genausowenig gemütlich wie vordem.

Wahrscheinlich war auch die antike Topfpflanze im Eingang schon da. Man darf sagen, es ist ziemlich häßlich in der fensterlosen Hinter-

EHER NÜCHTERN DENN GEMÜTLICH SITZT ES SICH BEI EINEM EHRGEIZIGEN GASTRONOMEN.

stube mit der weißen Rauhfaser an den Wänden und unter der niedrigen Decke. Außerdem ist es schrecklich heiß, wenn die Heizung läuft. Also ziehen die Männer erst einmal ihre Jacken aus, bevor sie sich zu einem Festmahl niederlassen.

Das kann man beim Fadinger nämlich problemlos. Denn er hat Ehrgeiz.

Schon der in schwungvoller (= schwer lesbarer) Handschrift geschriebenen Speisekarte sieht man ihn an, den Ehrgeiz. Da gibt es Gerichte mit weißen Trüffeln, da kann man Variationen von der Gänsestopfleber bestellen, da wird eine Spanferkelsülze nicht einfach serviert, wie in anderen Beisln, sondern sie wird mit einer bunten Brunoise dekoriert und mit einer aparten Vinaigrette abgeschmeckt. Das verrät jene Verfeinerung, die der Fadinger früher täglich betrieben hat, in dem feinen Restaurant. Hier sieht das dann manchmal etwas affig aus, zum Beispiel, wenn er sich nicht damit begnügt, den Tafelspitz mit Apfelkren und Erdäpfelgröstl zu servieren, sondern er muß ihn zusätzlich gratinieren und das Ganze mit – natürlich bunten – Gemüsestreifen krönen. Ebenfalls dürfte der grüne Spargel zur Winterzeit in einem Beisl nicht gerade typisch sein. Auch überbackene Scampis und ein Carpaccio sind es nicht. Ich habe den Eindruck, der Fadinger ist hier unter dem Beisl-Etikett angefangen, weil das einen Start sicherlich erleichtert, daß er aber als Fernziel doch wieder eine Edelküche anvisiert, wie er sie vordem bereits praktiziert hat.

Es wäre auch irgendwie logisch. Denn kochen kann er gut, und das Abschmecken beherrscht er auch. Die Mischkost, die er hier seinen Gästen anbietet, wird bei der Nachspeise noch einmal deutlich: Einerseits ein Topfenschmarrn, wie ich ihn besser wohl noch nie gegessen habe, so locker, sanft und zurückhaltend gesüßt wie er war – eine mustergültige Beisl-Mehlspeis. Andererseits eine Joghurtterrine, ein Rezept für fortgeschrittene Patissiers, ebenfalls fehlerlos, eines edlen Restaurants würdig.

Die Weinkarte erhärtet den Verdacht. Bessere Weine aus Österreich sind vorhanden. Aber mindestens so viele aus Frankreich und Italien sowie New World Weine. Dabei schnellen die Preise flugs in Höhen, wo die Luft für den Beisl-Gast dünn wird. Auch seine à la carte Preise sind gesalzen (was man beispielsweise vom Kalbsrahmgulasch nicht sagen kann). Rezessionsgeschädigten bietet Fadinger ein Mittagsmenü für 140 S an, dagegen ist nun wirklich nichts einzuwenden. Hingegen kann das Viertel Schankwein im dicken Glas nur Bestandteil einer Alkoholentwöhnungstherapie sein. Schnelltrinker werden hier öfter vor leeren Gläsern sitzen, und auch die Wartezeiten zwischen den Gängen sind elend lang, weil der Service von bestenfalls elliptischer Effizienz ist.

Daß es nicht allein das fensterlose Hinterzimmer war, das an unserem Tisch jenes zweifelnde Kopfschütteln hervorrief, welches als gebremste Begeisterung interpretiert werden darf, zeigte sich bei einem zweiten Besuch. Zwar sitzt man am Eingang besser, weil heller und sozusagen an der Luft. Aber trockene Fischstücke in der Suppe, salzlose Spaghetti und mehlgedickter Kirschsaft fallen sogar im Beisl unangenehm auf.

Für Brot und eine Stoffserviette wird je ein Aufpreis verlangt.

Figlmüller

1. Bezirk
Wollzeile 5,
Tel. 512 61 77
Geöffnet Montag bis Sonntag
11.00 bis 23.00 Uhr;
sonn- und feiertags geöffnet;
August geschlossen;
Reservierung erwünscht

Ambiente	Küche
☆☆	☆☆

Der Ruf dieser Wienerschnitzelweihestätte ist weltweit nicht geringer als der des Münchener Hofbräuhauses. Insofern sind beide Anlaufstätten für Touristen aus aller Welt, die endlich einmal unverfälschte Kulinar-Folklore erleben möchten. Das prägt natürlich ein Lokal in einer Weise, die von den Einheimischen nicht unbedingt als vorteilhaft empfunden wird. Andererseits wird in beiden Adressen das Hauptprodukt in so reiner und unverfälschter Form bereitgehalten, daß auch Einheimische nicht widerstehen können. In München ist es das Bier, in Wien das Wiener Schnitzel.

FÜR FREUNDE DES WIENER SCHNITZELS FAST SCHON EIN HEILIGTUM: DAS ALTE GEWÖLBE GLEICH NEBEN DEM DOM.

Bier – um das zunächst einmal abzuhaken – wird im FIGLMÜLLER nicht ausgeschenkt. Die Familie besitzt eigene Weinberge, also trinkt, wer sich hier niederläßt, Figlmüller-Weine und sonst nichts.

Und er ißt, das darf man verallgemeinern, FIGLMÜLLERS Wiener Schnitzel. Tag für Tag, von morgens bis abends. Was also ist dran an diesem weltberühmten Schnitzel? Die Antwort lautet: viel. Viel im Sinne von viel Schnitzel fürs Geld. Als gelte es, texanische Maßstäbe einzuführen, werden die Schnitzel hier in Formaten serviert, wie sie Dr. Gierschlund immer schon serviert bekommen wollte: sie lappen über den Tellerrand. Zirka dreißig mal zweiundzwanzig Zentimeter maß das Ungetüm, das mir unter die Nase geschoben wurde. Es sah aus wie der von einer Dampfwalze plattgemachte E.T.

Bei einer Blindprobe (also mit verbundenen Augen) hätte ich sicherlich nicht gewußt, ob diese Speise von einem Tier stammt oder aus der Backstube eines Konditors. Sie war lediglich sehr heiß und sehr dünn und für den Magen eines durchschnittlich trainierten Essers viel zu viel. Aber hier wird ja für Hochleistungsfresser gekocht bzw. gebraten, und die verputzen so einen Fladen ohne Schweißausbruch. Zünftiger- und vernünftigerweise bestellt man dazu als Beilage einen Erdäpfelsalat. Der sieht zwar aus wie eine halbtrockene Kartoffelsuppe, bringt aber mit seiner süßen Schärfe genau jenes Aroma ans Schnitzel, das dieses erst appetitlich macht und somit hilft, den Schnitzelvernichtungskampf erfolgreich zu bestehen. Es werden in der kleinen, einsehbaren Küche noch andere Fleischgerichte zubereitet – alle mit einer ungeheuer routinierten Perfektion, die Abweichungen von der Norm nicht zuläßt –, welche sich vom Wiener Schnitzel geschmacklich kaum unterscheiden. Kalbsbries und Kalbsleber werden mit der gleichen liebevollen Brutalität in Semmelbrösel ein- und ausgebacken wie andere Spezialitäten, die aber kaum bestellt werden, weil hier jedermann nur einkehrt, um sich mit dem Riesenschnitzel zu messen.

Das FIGLMÜLLER ist überraschenderweise ein nur kleines Restaurant – zwei Stuben und eine überdeckte Terrasse auf der schmalen Verbindungsgasse zwischen Wollzeile und Bäckerstraße – in einem alten Gewölbe, wo hellgrün gestrichenes Schmiedeeisen eine etwas exotische Note ins ansonsten rustikale Hochgebirgsdesign einbringt. Keine Speise- oder Weinkarte; das Angebot wird auf schwarzen Tafeln verkündet. Größere Überreste der panierten Fleischfladen wickeln Hundebesitzer in die dünnen Papierservietten ein. Magenschwache Esser fallen aus der Tür direkt in die gegenüberliegende Wein- und Schnapsbar »Visavis«, wo sich die Rückkehr aus der Fleisch-Fiction in die normale Welt schmerzlos vollziehen läßt.

Gösser Bierklinik

1. Bezirk
Steindlgasse 4,
Tel. 535 68 97
Geöffnet Montag bis Samstag
10.00 bis 23.30 Uhr;
sonn- und feiertags geschlossen

Ambiente	Küche
☆☆☆☆	☆

Wiener Brauerei-kultur für Bierfreunde aus aller Welt.

Tatsächlich haben sie hier mit Wein nicht viel am Hut. Zwar kann man einen sauberen Meßwein trinken und noch diesen und jenen, aber die Gäste bevorzugen überwiegend Bier. Gösser ist nämlich eine Brauerei. Wenn man sich jedoch umsieht in den zahlreichen Räumen, aus denen diese »Bierklinik« besteht, glaubt man in einem bischöflichen Palast zu sitzen. Hohe Räume, schwarzes Holz, weißgekalkte Wände und ornamentaler Reichtum jede Menge. 1566 ist das Haus erbaut worden, 1931 wurde es renoviert. Über 200 Gäste haben hier Platz, aber dennoch sitzt man geradezu intim, da sich das Gewusel der Biertrinker auf viele kleine, unterschiedliche Gewölbe verteilt. Das barocke Ensemble ist verständlicherweise auch eine Touristen-Attraktion, also zu den Essenszeiten brechend voll und oft nicht von einer Klasse der Berlitz School zu unterscheiden. Wie so oft in der Innenstadt wird durchgehend gekocht (eine wohltuende Wiener Sitte), und das Gekochte ist typisches Beislfutter.

Barocke Pracht erfreut Auge und Gaumen.

STEIERMARK

Die matschigen grünen Nudeln mit der béchamelgedickten Sauce vielleicht nicht, dieser Sattmacher gehört heute zum internationalen Küchenrepertoire. Aber vom Wiener Schnitzel bis zum Tafelspitz, von der vorzüglichen Wiener Suppe mit Nudeln, Karotten und verschiedenen Fleischsorten; vom Kalbshirn mit Ei und Schweinsbraten mit warmem Krautsalat und Semmelknödel bis zu den üblichen Mehlspeisen ist alles vorhanden und wird mehr oder weniger ordentlich zubereitet, was angesichts der vielen Gäste schon ein kleines Kunststück ist. Die meisten Tische werden im Laufe eines Abends mehrfach besetzt, da unterscheidet sich die GÖSSER BIERKLINIK von jenen Beisln, die den Stammgästen ein zweites Zuhause bieten.

die Gäste herabblickend, und andere Dekorationen wie Katzenbilder, alte Fotos, biedermeierliche Bierbeisl-Schilder und ziemlich alte Lampen. Nichts ist aufdringlich arrangiert, niemand ist verpflichtet zu staunen angesichts des schönen Trödels. Mehr als vier Tische stehen nie zusammen, man sitzt praktisch immer in Nischen und vor holzgetäfelter Wand.

Die da sitzen, sind spät abends Opernfreunde, die von den Arien hungrig geworden sind; mittags gibt mittleres Management hier den Ton an. Und niemand, so ist zu vermuten, der den Königsbacher unzufrieden verläßt. Denn die Küche entspricht dem hübschen Ambiente. Die Nudelsuppe klar und gut gewürzt, die geselchte Blutwurst heißt ausnahmsweise nicht Blunzen und besteht aus 24 Wurstscheiben, die vorzüglich und mit viel scharfem Kren keine Spur von mächtig sind. Ein Kalbsgulasch mit tadellosen Nockerln und ein Gemüselaibchen mit gut gewürztem Kohl werden

... beim Königsbacher ist die Beislwelt noch in Ordnung.

in sympathisch normalen Portionen serviert, das Sauerkraut schmeckt herzhaft, und die Bratkartoffeln, die hier auch nicht Erdäpfel heißen, verraten wieder einmal, daß die Beislköche fast nur festkochende verwenden – für den Erdäpfelsalat sind es die Kipfler. Das am Spieß gebratene Hühnerfleisch war etwas trocken; aber wo kommt schon Gutes vom Grill über die Menschheit?

Dafür machen sie im Königsbacher einen ausgezeichneten Apfelstrudel, so daß die spärliche Weinauswahl nicht einmal sehr ins Gewicht fällt.

Neu Wien

1. Bezirk

Bäckerstrasse 5,

Tel. 512 09 99

Geöffnet Montag bis Sonntag

18.00 bis 2.00 Uhr;

sonn- und feiertags geöffnet

Ambiente	Küche
☆☆☆☆	☆☆☆

Die Bäckerstraße ist so etwas wie Wiens Freß- und Saufmeile geworden, nur daß sie deutlich kürzer als eine Meile ist. Der neueste Ankerplatz für hungrige und durstige Asphalttreter ist dieses Beisl mit dem schönen Gewölbe. Da wölbt sich die Decke nach allen Seiten und in alle Richtungen, die großflächigen Wände sind fast schmucklos, die Holzelemente fast schwarz. Der Kenner weiß sofort: hier hat die moderne Beisl-Architektur ihre unverkennbare Spur hinterlassen. Insge-

Wiens neuester kulinarischer Ankerplatz für Hungrige und Durstige ...

samt nur drei Bilder, davon allerdings zwei riesige von Attersee, sonst nur schwarzweiße Kontraste. Kein Wunder, daß diese Neugründung von Anfang an ein Erfolg war.

Erstaunlich ist es dann doch, weil nämlich fast genau gegenüber auf der anderen Straßenseite Wiens prominenteste Beisln liegen. Oswald & Kalb und das Wein-Comptoir. Daß im Neu Wien zur Abendstunde dennoch kein Tisch mehr frei ist, liegt einerseits an der guten Küche, andererseits daran, daß bei den beiden Topadressen ebenfalls kein Platz zu kriegen ist. Und noch etwas spielt wohl auch eine Rolle: die Zusammensetzung der Gäste. Drüben die ausgewählte Riege der Arrivierten, die Macher und Glänzer, hier die Nachfolger. Und ein wenig billiger ist es im Neu Wien auch.

Beim Lesen der Speisekarte tritt das Beisltypische zunächst kaum in Erscheinung. Carpaccio, Osso Collo und ähnlich yuppihafte Schmankerl fallen ins Auge; auch bei den nicht sehr zahlrei-

... im schönen Gewölbe von Neu Wien.

chen Weinen macht eine internationale Folklore dem österreichischen Team Konkurrenz. Aber es stehen dann doch noch genügend herzhafte Dinge zur Verfügung, die die erwartete Beislseligkeit erhoffen lassen. Da ist der eingelegte Schafskäse, der dann aber auch Mozarella heißen könnte, so wenig Eigengeschmack hat er. Eine Ganslleber ist dagegen vorzüglich gelungen, weil hier nämlich nicht von der Foie gras, sondern aus der normalen Leber eine kräftig schmeckende Terrine von sanfter Konsistenz gewonnen wurde, die sogar mit den rohen, allerdings hauchdünnen Zwiebelringen gut fertig wird.

Die Blunzen sind von einem vorzüglichen Kraut und von erstklassigem Erdäpfelgröstel begleitet, sie selbst zu runden Scheiben gepreßt, wodurch sie eher wie Rohrdichtungen aussehen – allerdings, das sei ihnen zugestanden: wie Rohrdichtungen mit Geschmack. Ganz fabelhaft, weil ganz einfach, ist das warme Roastbeef. Innen comme il faut halbroh, in schmale Streifen geschnitten und auf grünen Salatstreifen serviert, hat es zwar mit deftiger Beislkost keine Ähnlichkeit, ist aber in seiner Schlichtheit und des schönen Geschmacks wegen ein perfektes Tellergericht.

Nur drei Nachspeisen gibt es, und auch bei ihnen vermisse ich den original Wiener Küchenakzent. Aber die Mousse au chocolat und die Topfentorte sind beide leicht und nicht zu süß, und für den Sucher nach der Wiener Eigenart hat die Küche auf den Schokoladenschaum einen großen Berg Obers gesetzt. Was will man mehr?

Ofenloch

1. Bezirk

Kurrentgasse 8,

Tel. 533 88 44

Geöffnet täglich, auch Sonn- und Feiertags

11.30 bis 24.00 Uhr;

Reservierung erwünscht

Ambiente	Küche
☆☆☆☆	☆☆☆

Das Ofenloch hinter dem bezaubernden Judenplatz mit den prächtigen Barockfassaden in den angrenzenden Gassen mit dem Kopfsteinpflaster

ist die Apotheose des Wiener Beisls schlechthin. Eine Burgtheater-Inszenierung könnte keine passendere und aufwendigere Kulisse für ein Stück namens »Das Glück des Bürgers beim Löffeln der Rindsuppe« auf die Bühne stellen, als sie hier dem Gast sein tägliches Schnitzel verschönert.

Ein Inbegriff Wiener Beisl-kultur – unverfälscht und ur-gemütlich.

Die bürgerliche Pracht der Jahrhundertwende, der man im Ofenloch auf Schritt und Tritt, das heißt in jedem der ineinander übergehenden vier Räume begegnet, ist überwältigend.

Was an den Wänden ausgestellt, was unter die Decke gehängt ist, worauf man sitzt und geht – jedes Detail ist das Resultat einer wohlüberlegten Planung, deren Ziel ein möglichst authentisches Ambiente ist. Die rustikale Stube direkt am Eingang, links davon das kleine Eßzimmer mit den weißen Tischdecken, die holzgetäfelten Eßnischen hinten rechts vor der Küchentür – alles ist so gemütlich und intim, daß damit jede Beislküche überfordert wäre. Denn so schön, wie man hier sitzt, kann man gar nicht kochen.

So stören sich die glücklichen Gäste des ständig ausgebuchten Beisls auch nicht daran, daß im Ofenloch das Schnitzel manchmal perfekt, dann wieder fad und salzlos auf den Tisch kommt. Das ist der Preis dafür, daß hier durchgehend gekocht und serviert wird; kein Küchenchef würde täglich zwölf Stunden arbeiten. Dafür ist das technische Niveau der Küchenbrigaden erstaunlich. Sie backen die Schnitzel auf den Punkt genau, der Karpfen, ob gebraten oder gebacken, ist zart und saftig, die Hasenkeule von angenehmer Konsistenz, die Knödel sind locker und leicht.

Aber, wie gesagt, an manchen Tagen fehlt es an Geschmack. Dann sind die Spezialitäten des Beisls, das Markscheibenbrot mit Knoblauch – ein wunderbarer Beginn für das Mittagessen eines Frühstücksmuffels –, die gefüllten Teigtaschen oder das Gröstel zum Tafelspitz nicht die Köstlichkeiten, die sie sein können und an anderen Tagen auch sind. Unbeirrbar ist jedoch die Freundlichkeit des Personals. Wo man so liebenswürdig angelächelt wird wie hier, und wo die Laune der Kellnerinnen und Kellner auch unter dem Ansturm der platzsuchenden Gäste nicht leidet, da muß man sich einfach wohlfühlen.

Außerdem ist da jemand in der Küche, der entweder selbstlos Überstunden macht, oder aber sie können dort alle mit Zucker besser umgehen als mit Salz. Denn die Grießnockerln, Böhmischen Palatschinken, Nougatgolatschen, das Kastanienmus auf Orangen – sie sind die leichtesten und köstlichsten Nachspeisen, die man im Wiener Beislmilieu finden kann. Die Speisekarte hat das Aussehen einer altfränkischen Tageszeitung und wird denn auch neckisch als »Ofenloch's Localblatt« bezeichnet. Doch enthält sie neben Grafik-Nippes ein zufriedenstellendes Angebot an Weinen, acht Kaffeesorten und verzeichnet siebzehn Sorten Zigarren.

FOLGENDE DOPPELSEITE: ZUM VERWEILEN SCHÖN: GASTHAUSPRACHT DER JAHRHUNDERTWENDE.

BÖHMISCHE PALATSCHINKEN

für 10 – 12 Stück

140 g Mehl, 50 g Zucker, etwas Vanillezucker, eine Prise Salz, mindestens ¼ l Milch, 2 Eier und 1 Eidotter, Öl

Für die Fülle: Powidl, ein Schuß Rum, Staubzucker und Sauerrahm

Aus Mehl, Zucker, Vanillezucker, Salz, Eiern und Milch einen Teig zubereiten. 15 Minuten rasten lassen.

Eine Pfanne stark erhitzen, etwas Öl hinein und den Palatschinkenteig mit einem Schöpfer eingießen. Die Pfanne so drehen, daß sich der Teig in der ganzen Pfanne gleichmäßig verteilt. Sobald die Ränder der Palatschinke braun sind, wenden.

Für die Fülle wird der Powidl mit Rum verrührt und auf die Palatschinke gestrichen; einrollen, mit Staubzucker bestreuen und mit Sauerrahm anrichten.

Oswald & Kalb

1. Bezirk
Bäckerstrasse 14,
Tel. 512 13 71
Geöffnet Montag bis Sonntag
und Feiertage 18.00 bis 2.00 Uhr;
Reservierung notwendig

Ambiente	Küche
☆☆	☆☆☆☆

DAS IN-LOKAL DER WICHTIGEN, DER REICHEN UND DER SCHÖNEN.

Dieses beliebte Beisl schmucklos zu nennen, wäre eine unzulässige Beschönigung, wie andererseits das Wort »beliebt« nicht annähernd den Drang der Gäste beschreibt, hier und nur hier zu hocken, zu quasseln und zu essen. Der etwas verschachtelte Raum, der früher mal ein Gewölbe war, hat den Charme einer Obdachlosenverpflegungsstelle. Doch die da an den eng zusammenstehenden Tischen sitzen und sich gegenseitig zu

überschreien suchen, sind keineswegs bedürftige Sozialempfänger, sondern die Culturi der Stadt Wien. OSWALD & KALB ist nichts anderes als das In-Lokal für Stadtneurotiker mit offenem Hemd und teuren Frauen. Wer hier ohne Vorbestellung einen freien Tisch finden will, muß schon ziemlich prominent sein. Dann kriegt er unter Umständen sogar eine gestärkte Stoffserviette, während der Rest der Menschheit sich mit dem beislüblichen Papier begnügen muß.

VORZÜGLICHE WEINE, DELIKATE FLEISCHGERICHTE, EDLE MEHLSPEISEN – EIN WAHRES BEISLPARADIES!

Vor der Speisekarte aber sind alle gleich. Und zwar gleich glücklich. Denn die Küche ist sehr

gut. Ein junger und begabter Küchenchef hat es sich in den Kopf gesetzt, dem Beisl zu seiner gesellschaftlichen Bedeutung auch noch den kulinarischen Ruhm hinzuzufügen. Das ist ihm gelungen. So ist nicht nur die Sauhäuptlsulz zart und aromatisch, auch die darumgelegten Salatbestandteile erfreuen durch eine delikate Vinaigrette. Die hat bei Oswald & Kalb endlich den herrlichen Geschmack, den man von Gourmet-Lokalen kennt. Der Lammrücken ist schlichtweg perfekt, die Kalbsnieren sind es nicht minder.

Aber was ist mit dem Wiener Schnitzel? Warum fehlen auf der täglich erneuerten Karte auch Kaiserschmarrn und Palatschinke? »Weil die bei uns zum Standardrepertoire gehören. Das wissen unsere Gäste.« Darum. Ist übrigens hervorragend, das Schnitzel. Einmal waren Linsen von der ordinären Sorte, groß, ziemlich matschig und ohne Pepp. Da war der Koch wohl gerade mal im Keller.

Das anspruchsvolle Publikum könnte vielleicht eine größere Auswahl an österreichischen Spitzenweinen erwarten. Aber sie sagen nichts und fühlen sich sauwohl. Warum auch nicht?

Oswald & Kalb ist immer gut auch für die eine oder andere Weinspezialität.

Rindsrouladen

für 4 Portionen

4 Rindsschnitzel (von der Schulter),
150 g Selchspeck, 2–3 Essiggurken, 2 mittlere Karotten, 1/4 Zeller, 1 Zwiebel, Öl,
1 Karotte, 1 Zwiebel, 1/2 Zeller, 50 g Speck,
Salz, Pfeffer, Senf, 3 Lorbeerblätter,
1/4 l Rotwein, 1 1/2 l Rindsuppe, 2 Knoblauchzehen,
1 EL Paradeismark

Die dünn geklopften Rindsschnitzel werden auf beiden Seiten gepfeffert und gesalzen; man bestreicht sie auf einer Seite mit Senf, legt darauf den feingeschnittenen Speck, feingeschnittene Zwiebel, die in feine Streifen geschnittenen Essiggurkerln, Karotten und Zeller.

Nun wird jedes Schnitzel zusammengerollt und mit einem Faden gebunden. In heißem Fett anbraten, herausnehmen und warmstellen.

Das nudelig geschnittene Wurzelwerk, feingeschnittene Zwiebel, Knoblauch und Selchspeck anrösten, Tomatenmark beigeben und kurz mitrösten, mit Rotwein ablöschen und mit Rindsuppe aufgießen. Die Rindsrouladen hineinlegen, die Lorbeerblätter dazugeben und zugedeckt weichdünsten. Rouladen und Lorbeer herausnehmen, den Fond passieren oder im Mixer pürieren – nochmals aufkochen lassen.

Rindsrouladen bis zum Anrichten in die Sauce legen.

Lemberger Torte

6 Eidotter, 1 ganzes Ei, 150 g Staubzucker, 50 g geriebene Walnüsse, 100 g geriebene Haselnüsse, 50 g Semmelbrösel, 50 g geriebenen Mohn, Saft und Schale ½ Zitrone, 2 cl Rum, ½ TL Zimt, 2 mittelgroße Äpfel, 6 Eiklar, 150 g Kristallzucker

Für die Glasur: 200 g Kochschokolade, 100 g Nougat, 2 cl Rum, 150 g Kristallzucker, ⅛ l Wasser

Eidotter und Ei mit Staubzucker schaumig rühren, Walnüsse, Haselnüsse, Brösel, Mohn, Zitronensaft und -schale, Rum und Zimt beigeben. Eiklar mit Kristallzucker steif schlagen. Die Äpfel reiben und mit dem Schnee in die Masse einheben. Masse in eine befettete, mit Brösel bestreute Tortenform füllen und im vorgeheizten Backrohr bei 180° C etwa 60–75 Minuten backen, auskühlen lassen und glasieren.

Die Zutaten für die Glasur in eine Kasserolle geben, aufkochen und bei mittlerer Hitze etwa 5 Minuten köcheln lassen, vom Feuer nehmen. Die auf Körpertemperatur abgekühlte Glasur auf der Torte gleichmäßig verteilen.

Pfudl

1. Bezirk

Bäckerstrasse 22,

Tel. 512 67 05

Geöffnet Montag bis Samstag

9.00 bis 2.00 Uhr;

Sonn- und Feiertag

9.00 bis 15.00 Uhr;

Reservierung abends erwünscht

Ambiente	Küche
☆	☆ ☆ ☆

Daß sie in diesem Beisl einen Pfudl-Strudl auf der Karte haben, ist gar nicht mal so abwegig. Dennoch paßt dieser kleine Scherz nicht so recht in das kreuzbrave Lokal, wo Schmiedeeisen, Hirschgeweihe und halbhohe Holztäfelung eine zwar bunte, aber auch biedere Forsthauskulisse abgeben. An den Tischen sitzen ebenfalls keine Witzbolde, sondern seriöse Damen und Herren,

IDEAL FÜR EILIGE GÄSTE: DIE SCHNELLSTEN KELLNER DER STADT.

häufig vom nahegelegenen Wissenschaftsinstitut oder vom Klub der Großen Mägen, der in Wien viele Mitglieder hat. Die Fleischberge, die in dieser Stadt zu allen Tageszeiten verdrückt werden, ragen im PFUDL noch ein bißchen höher über den Tellerrand hinaus als anderswo. Es ist also ratsam, hungrig zu sein. Und ein Training im Schnellessen sollte man auch absolviert haben. Denn kaum hat man sich für ein kleines Essen entschieden, wird einem das Bestellte auch schon auf den Tisch gestellt. Wahrscheinlich können sie in der Küche Gedanken lesen. Kaum hat man das Besteck aus der Papierserviette gewickelt, kaum den Brotkorb inspiziert (wird extra berechnet), folgt auch schon die zweite Runde. Der stumme Kellner mit der grünen Schürze nähert sich scheinbar, um die abgegessenen Teller abzuräumen. In Wirklichkeit hält er hinter seinem Rücken schon den Hauptgang verborgen, so daß der Gast, noch an der Suppe schluckend, ohne Pause mit dem Schlucken fort-

Forsthaus-atmosphäre im Herzen Wiens.

fahren kann beziehungsweise muß. Und sollte unser Klubmitglied sein Dessert bereits bestellt haben, kann er in den Genuß kommen, die letzten Reste seines Schnitzels mit Powidl zu versüßen. Gottlob wird das Tempo auch bei den Getränken durchgehalten, so daß man den Wein getrost in kleinen Gläsern bestellen kann, ohne wegen fehlender Nachlieferung zu verdursten. Erstaunlicherweise ist alles heiß, was da überfallartig an den Tisch gebracht wird, kommt also frisch vom Herd und nicht aus der Mikrowelle. Und schmeckt gar nicht mal so schlecht.

Da ist das Gansleberbrot mit Schmalz, eine

große Scheibe Graubrot mit gebratener Gänseleber (nicht Fettleber!), wozu ein dunkles Andechser Bier empfohlen wird, was einem nicht unvernünftig vorkommt. Die Wiener Kartoffelsuppe schmeckt zu sehr nach der Einbrenne, und der dann folgende Salat ist so gräßlich, wie die Salate in fast allen Beisln sind. Aber wem dazu ein Wiener Schnitzel vom Kalb serviert wird, der mag vielleicht vor dessen Größe erschrecken, wird aber die Knusprigkeit der Panierschicht und den feinen Geschmack nicht genug loben können. Auch die Kalbsvögerl in ihrer gespickten Version sind nicht trockener, als sie gemeinhin zu sein pflegen, darüber hinaus mürbe, gut gewürzt und von tadellosen Nudeln begleitet. Der Mohr im Hemd war mir zu süß, sollte aber, wie ich mich belehren ließ, mit der riesigen Menge Obers gegessen werden, der die Süße aufs richtige Maß reduziert hätte, während der Pfudl-Strudl nichts weniger als lecker war.

Die in fesches Dirndl gekleidete Kellnerin ist nicht stumm und lacht sogar mitunter.

Plachutta

1. Bezirk
Wollzeile 38,
Tel. 512 15 77
Geöffnet Montag bis Sonntag
11.30 bis 23.15 Uhr;
feiertags geöffnet;
Reservierung erwünscht

Ambiente	Küche
☆☆☆	☆☆☆

MIT EINEM LÄCHELN SERVIERT ...

Soeben hatte sich der Spaziergänger an den delikaten Auslagen der Tee- und Spirituosen-Handlung Schönbichler in der Wollzeile kulinarischen Träumen hingegeben, in denen Orangenmarmelade, schottische Bisquits und alte Whiskys eine Rolle spielten, da erreicht er zweihundert Meter weiter PLACHUTTA, wo er hoffentlich einen Tisch bestellt hat. Nicht, daß ihn diese Vorsorge einer gewissen Wartezeit enthebt; denn der für 13 Uhr bestellte Tisch ist bei seinem Eintreffen noch von Suppen schlürfenden Essern belegt. Hinter der weißen Fassade mit den eleganten Lampen hatte er zunächst kein Beisl vermutet, sondern eher ein plüschig-intimes Restaurant der Sommelierklasse. Doch PLACHUTTA ist ein Ableger des HIETZINGER BRÄUS in der Aufhofstraße: Dort regiert die Mutter Plachutta, in der Wollzeile der Sohn. Gutbürgerlich das eine wie das andere; die Speisekarten sind

... DIE GANZE HERRLICHKEIT DER WIENER RINDFLEISCHKÜCHE.

ähnlich. Hier wie dort ist der wichtigste Teil dem zerlegten und gekochten Rind gewidmet. Und hier wie dort wird es in der gleichen Weise serviert. Die Kasserolle mit der Rindsbrühe und den Gemüsen (Sellerie, Karotten, Kartoffeln), dem Markknochen, den man auf geröstetem Graubrot ißt (schade, daß es kein Knoblauchbrot ist), steht auf dem Tisch, man löffelt die Brühe, säbelt das Fleisch – sehr sanfter Apfelkren und Schnittlauchsahne in kleinen Saucieren und das Erdäpfelgeröstete in einer großen Pfanne –, mit einem Wort, die komplette Herrlichkeit der Wiener Rindfleischküche. Daß sie dann doch nicht ganz so herrlich schmeckt, liegt einfach daran, daß hier grundsätzlich zu schwach gesalzen und

Gutbürgerlich mit einem Hauch Eleganz – Speisekarte und Gaststube.

auch sonst kaum gewürzt wird, und andererseits ein Schulterscherzl schon mal so trocken sein kann, als ob es nicht in Wien, sondern in Wanne-Eickel gekocht worden wäre.

Der Service ist flink und freundlich und wechselt anstandslos ein schlecht gespültes Glas gegen ein sauberes aus; die wenigen Vorspeisen sind nicht bemerkenswert; die Weinkarte darf als ausreichend bezeichnet werden, da sie einige Flaschen von Österreichs besseren Winzern enthält.

Salzgries

1. Bezirk
Marc-Aurel-Strasse 6,
Tel. 533 54 26
Geöffnet Montag bis Freitag
9.00 bis 1.00 Uhr;
samstags, sonn- und feiertags
12.00 bis 1.00 Uhr;

Ambiente	Küche
☆☆☆	☆☆

Wenn man die Marc-Aurel-Straße zum Donaukanal hinuntergeht, läßt man den barocken Charme des 1. Bezirkes hinter sich wie eine verklingende Musik (Mozart, was sonst?). Über der Eingangstür steht »Café Salzgries«, was ein Witz ist. Denn mit einem Wiener Kaffeehaus hat dieses Beisl wenig gemeinsam. Zwar kann man hier Zeitungen lesen, die auf den typischen Haltern aufgezogen sind. Im übrigen aber glaubt man sich in eine schäbige Vorstadtkneipe versetzt, deren einziger Vorzug es zu sein scheint, daß hier jedes architektonische Detail aus den dreißiger Jahren stammt.

Die Wiener sind, neben allem anderen, auch Illusionisten. Die scheinbare Tristesse einer sechzig Jahre alt gewordenen Modernität ist ziemlich jung und das Resultat eines wohlüberlegten Plans, ist Kulisse. Und die Gäste, diese skurrilen Vorstadtkäuze, die Standlfrauen, Weinbeißer und Hundefänger, spielen nur die Rollen von Vorstadtkäuzen. Beim SALZGRIES handelt es sich in Wirklichkeit um ein von Journalisten und pfiffigen Stadtneurotikern okkupiertes Beisl mit der Atmosphäre eines Volkstheaterstücks.

Es ist klein – nur zehn Tische und die Möglichkeit, auf der Treppe sitzend einen Scheiterhaufen zu verputzen – und wird von einer ungemein flinken jungen Serviererin in Schwung gehalten. Selbstverständlich kennt jeder jeden; von manchen Gästen hat man den Eindruck, sie verbrächten hier ihr Leben. Die Speisekarte teilt mit den kargen Wänden die Mimikry der Armseligkeit; das Angebot ist spartanisch. Drei Suppen als Vorspeise, danach eine Reihe üblicher Beislgerichte, denen allerdings zwei oder drei Gemüseplatten zugeordnet sind. Beispielsweise Blumenkohl und Brokkoli als Ragout mit einer Bechamelsauce; oder ein ungarisches Kürbisgemüse mit Salzkartoffeln. Kümmelfleisch, Wiener Schnitzel, Beinfleisch oder ein Hirschfilet sind die Höhepunkte der fleischverarbeitenden Küche. Dazu gibt es wie üblich den naß-süßen Salat oder ein weiteres Kürbisgemüse oder sonstige Beilagen, die sich mit Bechamel vermischen lassen. Das klingt nicht aufregend, ist es auch nicht. Aber es handelt sich um genuine Hausmannskost, bei der die Fleisch- und Gemüsequalitäten zu keiner Klage Anlaß geben. Der muß schon ein Snob sein, der sich angesichts dieser angenehmen (und leichten!) Küche nach Carpaccio und Scampi sehnt. Das Weinangebot darf er allerdings beklagen. Denn die wenigen Flaschen und die offen ausgeschenkten Weine gehören nicht zu jenen, die Österreichs Winzern ihr gutes Renommee verschafft haben.

Die Auswahl an Desserts ist ebenso begrenzt wie die der Suppen. Aber zumindest der Scheiterhaufen, worunter man einen Berg warmer Äpfel mit überbackener Eiweißkrone zu verstehen hat, ist wieder ein Musterbeispiel der traditionellen Beislküche, deretwegen man Lokale wie das SALZGRIES aufsucht.

SCHIMANSZKY

1. BEZIRK

BIBERSTRASSE 2,

TEL. 513 45 43

GEÖFFNET MONTAG BIS FREITAG

12.00 BIS 14.30 UND 18.00 BIS 22.30 UHR;

SAMSTAG 18.00 BIS 22.30 UHR;

SONN- UND FEIERTAGS GESCHLOSSEN

AMBIENTE	KÜCHE
☆ ☆ ☆	☆ ☆ ☆

Es ist nicht nur die Erdäpfelsuppe mit Pilzen – woanders ein Standardgericht der Beislküche –, die einen hier zweifeln läßt, ob das SCHIMANSZKY überhaupt der Beislszene zuzurechnen sei. Die Speisekarte verzeichnet insgesamt fast mehr Paradestücke aus der Gourmetküche als populäre Sattmacher. Auch an der Erdäpfelsuppe fällt eine ungewohnte Verfeinerung auf, die allerdings nicht auf kostspielige Zutaten zurückzuführen, sondern lediglich das Resultat sorgfältiger Zubereitung ist. Sie muß ja nicht unbedingt gedickt werden, diese simple Suppe, und es ist ja auch kein Verstoß gegen die Tradition, wenn Speck und Zwiebeln so fein geschnitten sind, daß sie nicht als aufdringliche Fremdkörper registriert werden, sondern der sahnigen Bouillon das hinreißende Aroma fast unauffällig mitgeben. Fast genauso könnte ich das pochierte Wallerfilet beschreiben, welches, zusätzlich zur perfekten Garzeit, mit einer ebenso leichten wie delikat gewürzten Sauce serviert und dadurch zur untypischen Delikatesse erhoben wird. Bei SCHIMANSZKY will man offensichtlich mehr als Beisl sein. Wahrscheinlich gelingt das auch, wo Lammrücken, Garnelen und Rehkeule ins Spiel kommen. Aber bei den Beispielen der Alt-Wiener Küche registriert der Gast zufrieden, daß eigentlich alles so ist, wie er es sich im Beisl vorstellt. Nur das Backhendl – wie es sich gehört, vor dem Einbröseln enthäutet – hatte wenig Geschmack, und das Kalbsrahmgulasch lag zwar in einer Sauce aus bestem Rahm, doch war es ihr nicht gegeben, durch irgendeine andere Eigenschaft (kräuterreich, gepfeffert, verkümmelt, alkoholisiert) die Aufmerksamkeit des Essers längere Zeit zu fesseln. Und auch der Erdäpfelsalat, obwohl zu den besseren Vertretern seines Genres gehörend, hatte uns bei anspruchsloseren Adressen schon mehr in Atem gehalten. Deshalb langt es beim Schimanszky nicht zur Höchstnote für die Küche. Eigentlich schade. Denn die Bemühungen sind sicht- und schmeckbar; die Betreuung ist wohltuend, und überhaupt herrscht hier eine Atmosphäre gepflegter Gastlichkeit, wie sie der gestreßte Großstädter sonst nur in der gastronomischen Oberklasse vorfindet. Das Interieur des eher kleinen Restaurants hinter der großen Fensterfront ist luftig und unprätentiös. Einige Tische stehen zwar schräg im Raum, aber man hat viel Platz, und die grün gestrichene Holztäfelung hofft sehnlichst, für den Bestandteil einer Datscha gehalten zu werden.

Garten-atmosphäre und Gourmet-küche – ein Beisl der feinen Art.

ERDÄPFELSUPPE
für 4 Portionen

1 mittlere Zwiebel, 3 Scheiben Hamburger Speck, 2 große mehlige Erdäpfel, 3 Champignons, 1/8 l Schlagobers, ca. 1/2 l Rindsuppe, Salz, Majoran, Pfeffer, Knoblauch

Die rohen Erdäpfel schälen und würfeln; Zwiebel, Speck und Pilze nicht zu klein schneiden. In einem Topf in wenig Fett den Speck, die Zwiebel und Champignons rasch anschwitzen lassen. Die Erdäpfel dazugeben und mit Rindsuppe aufgießen. Mit Salz und Pfeffer würzen und köcheln lassen. Wenn die Erdäpfel weich sind, das Obers und die restlichen Gewürze dazugeben, 5 Minuten weiterkochen. Die Suppe beim Anrichten mit frischer Petersilie und gerösteten Weißbrotwürferln bestreuen.

Weibels Wirtshaus

1. Bezirk

Kumpfgasse 2,

Tel. 512 39 86

Geöffnet Montag bis Samstag

11.30 bis 24.00 Uhr;

sonn- und feiertags geschlossen

Ambiente	Küche
☆ ☆ ☆ ☆	☆ ☆ ☆ ☆

Wieder ein Schmuckstück von einem Beisl. Es ist neu, aber die Holzarbeiten sind in der Tradition der Wiener Werkstätte ausgeführt, was der kleinen Gaststube mit den erhöhten Sitzplätzen einen durchaus edlen Anstrich gibt. Die architektonischen Details sind bewundernswert. Obwohl der ebenerdige Raum wegen seiner

Enge eher an einen Schnellimbiß denken läßt, in dem man nicht zu lange hocken möchte, sitzt man überraschend bequem, wozu die fabelhafte Beleuchtung ebenso beiträgt, wie ganz allgemein das intelligent verschachtelte Interieur beispielhaft ist für ein modernes und gleichzeitig gemütliches Kleinrestaurant. Kein Wunder, daß WEIBLS WIRTSHAUS viele Stammgäste hat, darunter nicht wenige, die die Leidenschaft des Patrons für den Wein teilen.

VON DEN BESTEN WINZERN FÜR WEINKENNER UND -GENIESSER RESERVIERT.

Die Auswahl an österreichischen (und anderen) Weinen ist für ein Beisl ungewöhnlich. Die besten Winzer aller Weinbaugebiete sind vertreten, und natürlich wird Wein glasweise in feinen Riedlgläsern ausgeschenkt.

Da auch die Küche eine sympathische Synthese von traditionell und modern bildet, ist das kleine Lokal in der Innenstadt immer bumsvoll. Obwohl eine Etage höher noch zwanzig weitere Plätze existieren, ist Tischreservierung daher unerläßlich.

EDLES AMBIENTE IN DER BERÜHMTEN TRADITION DER WIENER WERKSTÄTTEN.

Auf der graphisch klaren Speisekarte sind die beisltypischen Speisen in einer vielversprechenden Auswahl vertreten; man könnte sagen, es ist ihre Schokoladenseite, die hier angeboten wird. Die wirklich wuchtigen Deftigkeiten fehlen; dafür sind die Knödel, die Erdäpfel, das Fleisch und die Fische auf eine delikate, fast modern-leichte Weise zubereitet, für die man dankbar ist. Das Kalbsbeuschel mit dem Semmelknödel wirkt fast wie eine Kreation im Stil der Nouvelle Cuisine (trotzdem ist es eine große Portion), die Krensuppe könnte nicht luftiger und köstlicher sein, den Topfenschmarren habe ich nie besser gegessen. Dazwischen bezeugen mehrere Fischgerichte die Könnerschaft der Küche, das Wiener Schnitzel vom Kalb entzückt mich jedes Mal. Überhaupt hat die Küche seit der ersten Auflage dieses Buches eine erstaunliche Verbesserung zuwege gebracht (indem die Schwankungen eliminiert wurden), so daß die bisherigen drei Punkte jetzt bedenkenlos um einen weiteren auf die Höchstnote aufgewertet werden können.

In WEIBELS WIRTSHAUS wird moderner gekocht als in allen anderen Beiseln, ohne daß dadurch die Idee der Beislküche verraten würde – die Zurückhaltung bei der sogenannten Kreativität ist wohltuend, der Verzicht auf modische Mätzchen zeugt von kulinarischer Vernunft. In Verbindung mit den äußerlichen Vorzügen dieses modernen Beisls sowie seiner außergewöhnlichen Weinkarte und den sorgfältig selektionierten Schnäpsen, bietet WEIBELS eine Qualität, die in Wien, ja in Österreich nur mit viel Glück zu finden ist.

Wein-Comptoir

1. Bezirk
Bäckerstrasse 6,
Tel. 512 17 60
Geöffnet Dienstag bis Samstag
17.00 bis 2.00 Uhr;
sonntags und montags
geschlossen;
Reservierung erwünscht

Ambiente	Küche
☆☆☆☆	☆☆☆☆

An diesem Beisl ist seit Jahren nichts verändert worden, und etwas Besseres läßt sich über das Schmuckstück nicht sagen. Immer noch wird man von fixen Jungen bedient, kann man an der halbrunden Theke stehen und sich durch Österreichs Weinbaugebiete süffeln. (Mag sein, daß sich die Auswahl verringert hat. Die Wachau jedenfalls ist spärlich vertreten.) Die bunten Etiketten an den Wänden unter den Schiefertafeln mit dem Tagesangebot, die vielen Flaschen als Wanddekoration, das alte Holz, die originellen Lampen – kein unpassendes Detail stört die ästhetische Harmonie. Dazu gehören auch – aber das ist in Österreich längst nicht so ungewöhnlich wie in anderen Ländern – die besseren Weingläser, aus denen sich die Grünen Veltliner, Rieslinge und Blaufränkischen so genußvoll trinken lassen. Natürlich glasweise, wie es überall üblich ist. Nun ist das WEIN-COMPTOIR eine Weinbar eigentlich nur im schönsten, ebenerdigen Raum am Eingang, der die vier Punkte mühelos verdient. Auch dort kann man essen. Im ersten Stock oder im Keller aber lassen die weiß eingedeckten Tische keinen Zweifel aufkommen: Hier sitzt man, um zu essen.

Die Speisekarte verrät auf den ersten Blick, daß auch die Küche mehr sein will als die traditionelle Rindfleisch-Hauptversammlung. Und ihrem Anspruch wird sie glorios gerecht! Hier gibt es Fische (mehrere!), von denen der gebratene Saibling nicht besser sein könnte; die fleischlosen Bozener Spinatknödel mit heißer Butter und Parmesan, der Ziegenkäse mit Olivenöl und frischem Basilikum sind ebenso vor-

KÖSTLICHE TAFELFREUDEN IN EINEM WAHREN PRACHTBEISL.

KEIN FALSCHES DETAIL STÖRT HIER DIE ÄSTHETISCHE HARMONIE.

züglich wie das warme Roastbeef auf Salat. Die pochierte Birne hat eine köstliche Füllung, und der Mohr im Hemd entzückt nicht nur den Ethnologen. Einmal war der Saibling allerdings matschig gebraten, so daß mir weitere Besuche notwendig schienen, um das COMPTOIR schließlich doch unter die Beisln mit der besten Küchenleistung einzureihen. Daß die Preise hier eine Stufe höher angesiedelt sind als in den Schnitzel-Werkstätten der üblichen Art, scheint mir gerechtfertigt. Umgeben von so viel Wein und bei so netten Leuten an den Nebentischen, zählt man in diesem Schmuckstück von einem Beisl die Schillinge nun wirklich nicht.

SPINATKNÖDEL MIT HEISSER BUTTER UND PARMESAN

für 4 – 6 Portionen

10 Semmeln (kleinwürfelig geschnitten),
3 Eier, 150 g frisch geriebener Parmesan,
750 g pochierter und gehackter Blattspinat,
3 Zehen gehackter Knoblauch, ¼ l Milch,
200 g Butter, Salz, Pfeffer aus der Mühle,
120 g Mehl

Eier mit Milch versprudeln, über die geschnittenen Semmeln gießen und zehn Minuten ziehen lassen. Den vorbereiteten Spinat, Salz, Pfeffer, 30 g Parmesan untermengen und gut durchmischen, am Schluß Mehl untermengen. Knödel formen und 15 Minuten in Salzwasser kochen. Butter erhitzen, bis sie leicht bräunlich wird. Knödel gut abtropfen lassen und anrichten. Restlichen Parmesan darüberstreuen und mit heißer Butter übergießen.

MOHR IM HEMD

für 4 – 6 Portionen

50 g Butter, 50 g Staubzucker, 3 Eidotter, 50 g Schokolade, 1 Semmel (entrindet), 50 g Nüsse, 50 g Semmelbrösel, 3 Eiklar, Rum, Zitronenzeste

Butter schaumig rühren, Dotter und Staubzucker dazugeben. Zerlassene Schokolade, in Milch erweichte Semmel, Nüsse und Semmelbrösel zufügen. Am Schluß Schnee von Eiklar darunterziehen. Mit Rum und Zitronenzesten abschmecken. In befettete und mit Staubzucker bestreute Dariolformen füllen – nur $^3/_4$ voll. Im Wasserbad etwa eine Stunde pochieren.

Mit Schokoladensauce und Schlagobers servieren.

Zu den 3 Hacken

1. Bezirk

Singerstrasse 28,

Tel. 512 58 95

Geöffnet Montag bis Samstag

9.00 bis 23.00 Uhr;

sonn- und feiertags geschlossen;

Reservierung erwünscht

Ambiente	Küche
☆ ☆ ☆	☆ ☆

Ein unübersehbares Schild an der Hauswand weist darauf hin, daß neben vielen respektablen Herren auch Schubert und Moritz von Schwind zu den Stammgästen dieses ehrwürdigen Beisls gehörten. Man glaubt's sofort, auch wenn es drinnen nicht so ehrwürdig aussieht, sondern eher alt und verschlissen. Aber Wien ist insgesamt eher alt und verschlissen – so will es jedenfalls die von Lokalzynikern in die Welt gesetzte Legende. Dabei hat sich in den letzten Jahren herausgestellt, daß die Stadt ihre alten Häuser und ihre ehrwürdigen Paläste mit frischem Leben zu füllen ver-

Ein paar Bücher als Auftakt für ein ausgezeichnetes Mittagessen.

steht und überhaupt der Verschleiß mehr und mehr einer erfreulichen Reanimation weicht.

Im Fall der 3 Hacken wird das nicht so deutlich, vor allem, wenn man an den kellnernden Unglücksraben gerät, der von nichts eine Ahnung hat, was den Gast interessiert. Auf die Frage, von welchem Winzer denn die wenigen aufgeführten Weine (glasweise oder in Flaschen) seien, rätselt er nicht lange hilflos herum, sondern gibt ohne

Zögern zu erkennen, daß ihm das völlig wurscht sei. Nun gut. Bei der kleinen Auswahl spielt das auch keine Rolle. Die Auswahl der Speisen dagegen ist groß, verdächtig groß. Wie soll das denn alles frisch zubereitet werden, was die Karte anpreist? Sieht man jedoch genauer hin, handelt es sich beim größten Teil der vielen Vor-, Zwischen- und Hauptgerichte um Dinge, die, ohne Schaden zu nehmen, vorbereitet werden können. Die Ganslsuppe – sämig, heiß und lebensrettend, wie nur eine heiße Suppe sein kann – muß ja nur kurz erhitzt werden wie die Kuttelflecksuppe

Schon Franz Schubert sass einst auf diesen langen Holzbänken...

auch; wie das Hirschragout, das Ganslviertel und die meisten Spezialitäten der Beislküche. Vor Jahr und Tag gaben sie Anlaß zu einer Bewertung mit drei Punkten, weil »alles vorzüglich gewürzt war«. Davon konnte unlängst leider keine Rede sein. Den verschiedenen Speisen wurde das nötige Salz und mögliche andere Gewürze konsequent verweigert. Die Frittatensuppe fad, die Kutteln »italienne« (weil einige schwarze Oliven im Teller waren) hatten nicht das das geringste Aroma, die Gemüselaberln schmeckten nach gar nichts, die dazu servierte Kräutersauce war auch nicht besser. Sogar die Mehlspeise, ein ofenfrischer Topfenstrudel, enttäuschte, weil Topfen ohne Zitrone langweilig ist und der Strudelteig nicht richtig aufgegangen, also halbroh war. Andererseits gab es, abgesehen vom Strudelteig, in küchentechnischer Hinsicht nichts auszusetzen. Keine dicke Mehlschwitze, keine verkochten Erdäpfel; man könnte die Küche der 3 Hacken sogar als leicht bezeichnen. Allerdings sind die Portionen groß und verlangen vom Esser Selbstdisziplin. Doch die permanent hungrigen Wiener stört das keineswegs, und so ist das 3 Hacken jeden Abend voll. Der weise Spaziergänger ißt deshalb hier zu Mittag.

Nusspudding

für 10 Portionen

125 g Butter, 6 Eier, 150 g Staubzucker, 160 g geriebene Nüsse, 75 g Mehl

Butter schaumig rühren, langsam die Eier dazugeben, den Staubzucker einrieseln lassen, Nüsse und Mehl vermischen – dann gemeinsam unterheben.

Die Masse in kleine Förmchen füllen und im Rohr im Wasserbad etwa 20 Minuten stocken lassen.

Zum Scherer

1. Bezirk
Judenplatz 7,
Tel. 533 51 64
Geöffnet Montag bis Samstag
11.00 bis 1.00 Uhr;
sonn- und feiertags 18.00 bis 24.00 Uhr;
Reservierung erwünscht

Ambiente	Küche
☆☆☆	☆☆

Einer der schönsten kleinen Plätze Wiens. Das Schild über den Fenstern im Erdgeschoß des Hauses Nummer 7 beschreibt exakt, was einen drinnen erwartet: »Steh- und Sitzbeisl Zum Scherer«. Man steht am Eingang an der Theke, die eine veritable Bar ist. Sie ragt in den Raum hinein, so daß sie von drei Seiten belagert werden kann und auch wird. Denn Zum Scherer ist der Treffpunkt einer flotten Klientel. Außerdem kann man an einigen Holztischen sitzen. Doch das ist mit dem Wort Sitzbeisl nicht gemeint. Es bezieht sich auf den Raum hinter der Aufschrift »Speisezimmer«. Das klingt sehr alt-wienerisch-idyllisch, ist aber, wie so vieles alte Holz in der Beislszene, neueren Datums.

Im Speisezimmer sitzen zwei Dutzend Gäste ziemlich eng an kleinen Tischen. Der Raum mit seiner mannshohen Täfelung, dem Holzfußboden, den gelben Lämpchen an den Wänden und den Kerzen auf den Tischen verrät einen gewissen Anspruch an Dekoration und Tischkultur. Um so

Im hinteren Speisezimmer wartet herzhafte österreichisch-ungarische Kost.

verblüffter registrierte ich die schäbigen Weingläser. Doch dann wurde mir deren Armut klar: Es gibt praktisch keinen Wein. Oder doch, glasweise, weiß oder rot. Fragt man nach Bouteillen, bringt die Serviererin drei Flaschen an den Tisch und bittet um Auswahl. Also trinkt man Bier.

Das Essen ist dem angepaßt – reine Hausmannskost. Ungarische Krautsuppe (sehr schön gewürzt), schwäbische Knoblauchsuppe (leicht bitter), Großmutters Erdäpfelgulasch (wie die pannonische Tiefebene nach einem Erdbeben, aber lecker), gekochtes mageres Meisl (zart) mit Zucchinigemüse (fad) und erstklassiger Kartoffelsorte (ungesalzen), Topfenstrudel (vorzüglich) mit Vanillesauce (zu süß), und so weiter.

Mit anderen Worten: nicht so schlecht, daß es einem das Wiederkommen vergällen würde, und nicht gut genug, um von der angeregten Unterhaltung abzulenken, mit der die Damen und Herren Nachtschwärmer das Speisezimmer in einen summenden Bienenkorb verwandeln.

Nachtschwärmers Lieblingsplatz bei Kerzenlicht und angeregter Unterhaltung.

Zum Schwarzen Kameel

1. Bezirk

Bognergasse 5,

Tel. 533 89 67

Geöffnet Montag bis Freitag

8.30 bis 20.30 Uhr;

Samstag 8.30 bis 16.30 Uhr;

sonn- und feiertags geschlossen;

Reservierung erwünscht

Ambiente	Küche
☆☆☆☆	☆☆☆

Zwischen Jugendstil und Art déco wird hier das Speisen zum Erlebnis.

Diese Wiener Institution ein Beisl zu nennen, scheint auf den ersten Blick verwegen. Weder hat der erste Raum mit den Stehtischen, wo sich mittags das flotte Volk drängt, um Salat von Meeresfrüchten, diverse Schinken und Käse sowie den heißen Kalbs- oder Schweinebraten des Tages zu probieren, etwas von der Gemütlichkeit der Alt-Wiener Kleinrestaurants, noch ist der daneben

liegende, von Adolf Loos entworfene Speiseraum gutbürgerlich. Er ist nichts anderes als ein elegantes und teures Restaurant. Und eines der schönsten der Stadt. Die für Wien so typische Mischung aus spätem Jugendstil und Art déco sorgt allein dafür, daß man Tage im voraus einen Tisch bestellen muß, um in einer der Logen genannten Nischen sitzen zu können. In dieser dekorativen Umgebung unter den phantastischen Lampen bekommt das Wort Erlebnisgastronomie einen Sinn. Zum Beisl – so interpretieren es die Wiener Stammgäste – wird das Schwarze Kameel durch den Stehimbiß am Eingang. Beides zusammen, so versichern sie, ergebe letzten Endes dann doch wieder ein typisches Kleinrestaurant. Sei's drum.

Wer drinnen einen Tisch ergattern will, muss schon Tage im voraus reservieren.

Tatsächlich steht oben auf der Speisekarte ein Schulterscherzl, ein typisches Beislessen, und auch das geröstete Kalbshirn mit Ei ist ein

Folgende Doppelseite: Exquisite Schlichtheit – gestaltet vom genialen Architekten Adolf Loos.

STIEBITZ
ZUM
SCHWARZEN
KAMEEL
PAPIER

weiterer Beleg für die Beisl-Theorie. Erst die verschiedenen Brotsorten, die hier nicht extra berechnet werden, und das dazu servierte Schmalz mit Linsen, die feinen Riedelgläser, der distinguierte Oberkellner und nicht zuletzt die angehenden Staatsbeamten, die hier ihre Gäste bewirten, lassen gewisse Zweifel an der Volkstümlichkeit des Kameels aufkommen, welche durch die Rechnung verstärkt werden.

Restaurants von einer vergleichbaren Prächtigkeit profitieren vom Verpackungsbonus, bei ihnen schmeckt das Essen automatisch eine Spur besser. Es könnte also sein, daß die glacierte Kalbsleber etwas streng, das Lamm dagegen fad geschmeckt hat. Ganz sicher waren die bunten Gemüseschnitzel zu den Schweinemedaillons fehl am Platz (wie überall) und nicht gewürzt, wovon auch die unangenehme Faserigkeit eines der beiden Fleischstücke nicht ablenken konnte. Hingegen war die Morchelsauce gut gelungen. Ganz hervorragend dann die gratinierten Feigen, die den Beislfreund verschmerzen lassen, daß es im Schwarzen Kameel keine Palatschinken und keine Marillenknödel gibt. Eine sehr anständige Auswahl an offenen, wenn auch nicht billigen Weinen wird erwartungsgemäß durch vorzügliche Flaschen ergänzt.

Zum Alten Heller

3. Bezirk

Ungargasse 34,

Tel. 712 64 52

Geöffnet Dienstag bis Samstag

10.00 bis 23.00 Uhr;

sonntags und montags

geschlossen;

Reservierung erwünscht

Ambiente	Küche
☆ ☆ ☆	☆ ☆ ☆

In der Ungargasse gibt es viele Kleinrestaurants. Daß man das richtige betritt, wird einem sofort klar, wenn man die Tür hinter sich zufallen läßt. Hier sitzen sie alle, die Hungrigen und die Durstigen; jeder Platz in den drei kleinen Räumen ist besetzt. Viele Logen, durch halbhohe Wände voneinander getrennt, sorgen automatisch für die nötige Gemütlichkeit. Die Tische sind ordentlich gedeckt, an bunten Dekorationen und Zimmerpflanzen herrscht kein Mangel, eine Trennwand besteht aus gelben, runden Butzenscheiben – wie überhaupt im Alten Heller eine erzbürgerliche Atmosphäre herrscht, auch wenn unter den Gästen der eine oder andere Kunstprofessor mit einer Studentin sitzt. Stammgäste sind sie alle, die es sich hier gutgehen lassen, und das ist verständlich. Denn die Küche des Alten Heller ist gut.

Die Speisekarte verzeichnet, wie auch in vielen anderen Beisln, Speisen, die fertig sind, und solche, die frisch zubereitet werden. Diese Klarheit ist schon mal sympathisch. Beeindruckend sind die vom Küchenchef empfohlenen Spezialitäten, die hier aus einem Côte de Bœuf, einem Chateaubriand und aus einem Porterhouse Steak bestehen, jeweils für zwei Personen.

Darüber hinaus sind Abweichungen von der Beislküche selten; die Karte enthält jedoch alles, was gut und wienerisch ist: das Kochfleisch in vielen Variationen, den Fogosch und den Karpfen, die Rostbraten-Arie und die Schnitzel-Oper. Der Chor der Maggiflaschen steht dicht gedrängt in einem Regal und wartet vergebens auf seinen Auftritt. Denn hier wird nicht zimperlich gewürzt, hier hat alles Geschmack. Omeletts kommen saftig auf den Tisch, der Rote-Rüben-Salat ist herzhaft, die Rindsuppe nicht minder. Das Wiener Schnitzel vom Kalb: ohne Fehl und Tadel, das heißt, innen zart und saftig, außen knusprig und trocken. Ebenfalls comme il faut das Steirische Wurzelfleisch. Und ungewöhnlich gut geriet

Alles, was gut und wienerisch ist: gemütliche Atmosphäre und eine tadellose Küche.

der Küche ein Karpfen blau. (Gibt es selbstverständlich auch gebacken; wo wären wir denn sonst?) Ich bin versucht zu sagen: der beste Karpfen meines Lebens! Das heißt allerdings nicht viel, da ich den großschuppigen Glubscher noch nicht sehr oft gegessen habe. Jedenfalls fand ich ihn schlichtweg köstlich, sowohl was Konsistenz als auch Geschmack angeht. Sogar die Salate (Erdäpfel-Vogerl-Salat) erfreuten durch ihre erfrischende Säure, und die Portionen sind von klassischer Größe. Lediglich die bei den Mehlspeisen verwendete Schokoladensauce war zu süß.

Dagegen kämpft der kluge Esser gegen einen weißen Diabetikerwein an (woanders Meßwein genannt), der alle Vorzüge eines sauberen und leichten Riesling Steinfeder hat, und dessen Wahl leichtfällt, weil das Angebot an anderen Weinen nicht sehr groß ist. Kurioserweise wird er, wie alle Weine, in »französischen« Tulpengläsern serviert, die man sonst in Wien kaum zu Gesicht bekommt.

Gebackener Karpfen

für 1 Portion

Pro Portion ein schönes Mittelstück vom Karpfen (etwa 200 g), am Rücken einschneiden, salzen, pfeffern; beidseitig in Mehl wenden, in versprudeltes Ei tauchen, in Weißbrotbrösel wenden und in heißem Öl (160°C, etwa 15–20 Minuten) herausbacken.

Erdäpfel-Vogerl-Salat

$^2/_3$ gekochte und blättrig geschnittene Erdäpfel (festkochende Kipfler) und $^1/_3$ Vogerlsalat werden in einer Marinade ($^2/_3$ Essig, $^1/_3$ Öl, Salz, Prise Zucker) gemischt.

Amacord

4. Bezirk
Rechte Wienzeile 15,
Tel. 587 47 09
Geöffnet Montag bis Sonntag
10.00 bis 2.00 Uhr;
feiertags geöffnet;
Reservierung erwünscht

Ambiente	Küche
☆	☆ ☆ ☆

Irgendwie betrete ich am Markt gelegene Kleinrestaurants mit besonderer Erwartung. Dort müßten die Produkte doch frischer sein als anderswo, stelle ich mir vor und hoffe, der Küchenchef würde für jeden Salatkopf mal eben über die Straße zum Bio-Bauern laufen.

Im AMACORD ist diese Vorstellung keineswegs unsinnig. Obwohl es nicht die Frische der Produkte war, die mir in dem kleinen Lokal auffiel, sondern die delikate Zubereitung. Wer so kochen kann, der legt automatisch höchsten Wert auf die Qualität der Produkte. Die Speisekarte ist nicht nur klein, sie ist sogar unansehnlich. Zwei Suppen, ein Dessert und ein gutes halbes Dutzend Hauptgerichte, das ist alles. Aber alles schmeckt vorzüglich! Eine Aufgeschäumte Rote-Rüben-Suppe ist kräftig mit Ingwer gewürzt (eine nichts weniger als intelligente Kombination), ein Risotto mit Meeresfrüchten würde jedem Gourmet-Restaurant zur Zierde gereichen; die Rindsroulade (ohne Gurkerln) ist zart und vorzüglich abgeschmeckt, die Sauce fast edel und kräftig, was wiederum dem Kartoffelpüree gut bekommt. Gekochtes Rindfleisch wird natürlich auch bereitgehalten, aber es handelt sich dabei um ein dickes Rinderfilet in einer herrlichen Bouillon – so kennt man es aus teuren und anspruchsvollen Restaurants! Der Inhalt der beiden kleinen Teigtaschen in der Bouillon entging im begeisterten Palaver über die grundsätzlich hohe Qualität der Speisen unserer Aufmerksamkeit. Das dürfte eigentlich nicht sein. Der Raum am Eingang, die Schwemme mit der flaschenbestückten Theke, ist düster und wenig einladend. Dort sitzen sie auch nur beim Wein, oder was sie sonst trinken, die Stammgäste aus der Künstlerszene, die hier den Ton angeben. Wer seinem Tastsinn traut, kann hier auch essen. Die Könnerschaft des Küchenchefs genießt man doch wohl besser in dem hellen, kleinen Raum links, wo an den gelben Wänden entlang schwellendende Lederbänke installiert sind, und wo auf den Simsen mit der abblätternden Farbe viele Weinflaschen stehen, die wohl darüber hinwegtäuschen sollen, daß das Weinangebot nicht gerade berauschend ist.

Aber angesichts der perfekt abgeschmeckten, modern konzipierten Tellergerichte (mit den üblichen Riesenportionen wird man gottlob verschont), vermißt man nichts und freut sich statt dessen, in einem sehr schlichten Beisl zu sitzen und hervorragend zu essen.

Postskriptum: Da inzwischen der Koch das Amacord verlassen hat und nunmehr der Besitzer selbst kocht, ist eine aktuelle Benotung nicht möglich.

Auf üppigen Lederbänken werden delikate Gerichte zur wahren Gaumenfreude.

Aufgeschäumte Rote-Rüben-Suppe mit Ingwer

für 4 Portionen

4–5 Rote Rüben, 1¼ l Hühnerfond, 2 EL Butter, Saft von ½ Zitrone, 1 Messerspitze Kümmel, 1 daumengroßes Stück Kren, ⅛ l Obers, 1 kleines Stück Ingwer, ⅛ l Rotwein

Rote Rüben schälen und in kleine Stücke schneiden. In einem Topf die Butter erhitzen, Rote Rüben darin anschwitzen, mit Rotwein ablöschen, mit dem Hühnerfond aufgießen, Kümmel, Ingwer und Kren dazugeben. Die Rüben darin weichkochen, den Ingwer und Kren nach ein paar Minuten herausnehmen, damit der Geschmack nicht Oberhand gewinnt.

Die weichen Rüben mit dem Stabmixer pürieren, in den Topf zurückleeren und mit Salz, Pfeffer, Obers und Zitronensaft abschmecken. Als Einlage nicht zu viele Ingwer-Julienne.

Ubl

4. Bezirk

Pressgasse 26,

Tel. 587 64 37

Geöffnet Montag bis Sonntag

und Feiertage

12.00 bis 15.00 und 18.00 bis 24.00 Uhr;

Reservierung abends erwünscht

Ambiente	Küche
☆☆☆☆	☆☆

Wieder ein Sammlerstück für die Freunde des Original-Beisls! Ein Ecklokal mit schöner, alter Theke, dahinter ein Kühlschrank mit Holztüren von Anno dunnemals. Holz auch an den Wänden, auf dem Fußboden; altes, dunkles Holz, mit der Aura einer Hanse-Kogge, die die Welt schon mehrfach umsegelt hat. Eine hohe Glastür trennt

BEISLHERRLICHKEIT VON ANNO DAZUMAL – EIN ECHTES WIENER ORIGINAL!

den vorderen Schankraum von der hinteren Eßstube, beide werden im Winter mit gemütlich-altmodischen Öfen beheizt. Wer hier Platz nimmt – und Platz ist vorhanden, die Tische stehen nicht in üblicher Enge nebeneinander –, möchte, umgeben von so viel Beisl-Authentizität, vorerst nicht wieder aufstehen.

Doch wenn er ein Weinfreund ist, treibt's ihn bald wieder zur Tür hinaus. Denn das Angebot an Weinen ist beklagenswert, um nicht zu sagen: nicht existent. Entsprechend primitiv sind denn auch die Gläser.

Das ist auch die Speisekarte. Immerhin unterscheidet sie zwischen Speisen und frisch gemachten Speisen. Die bescheidene Auswahl beschränkt sich auf das Übliche. Doch wenn dann das Wiener Kalbsschnitzel gebracht wird, fehlerlos und von einem ganz passablen Salat begleitet, dann scheint die Sonne wieder durch die hohen Bogenfenster. Die Portion gebackener Schinkenfleckerl ist so luftig und so gut gewürzt, daß man

Wer hier Platz nimmt, wird lange sitzen bleiben.

den flachen Meßwein vergißt. Geradezu entzückt reagiert der Fremde auf das steirische Wurzelfleisch mit Kren, welches nicht zarter und frischer sein könnte.

Dann jedoch, als wäre zuviel Lob für die schlichte Hausmannskost unstatthaft, muß er die säuerlichen Bohnen zum Schulterscherzl rügen, weil sie dem zarten Kochfleisch jegliche Chance nehmen, als Delikatesse zu erscheinen. Der kalte Schweinsbraten mit Gurkerln, Senf und einer Scheibe Butterkäse, in der freien Wildbahn ein ungehobelter Bursche, war auch in der domestizierten Form keine Zierde. Bleibt also noch der Kaiserschmarrn, eine von zwei Mehlspeisen. Die war korrekt wie der vorausgegangene Zwiebelrostbraten, der trotz seines Namens mit Schalotten belegt war, was allemal die bessere Lösung ist.

Zu den 3 Buchteln

4. Bezirk
Wehrgasse 9,
Tel. 587 83 65
Geöffnet Montag bis Samstag
18.00 bis 24.00 Uhr;
sonntag geschlossen;
Reservierung erwünscht

Ambiente	Küche
☆☆	☆☆☆

Das beste böhmische Restaurant in- und außerhalb Böhmens, wurde mir versprochen. Allerdings von einem, der noch nie in Böhmen war. Beliebt sind die 3 Buchteln zweifellos, nämlich ständig von fröhlichen Essern und Trinkern besetzt; gegen 21 Uhr droht der kleine Raum links hinter der Tür aus den Nähten zu platzen. Die Tischdecken sind rot-weiß kariert, die obligatorische Holztäfelung zeigt ebenfalls viel rote Farbe, und wer hier einen Platz ergattert hat, verläßt ihn so bald nicht wieder: Die 3 Buchteln sind urgemütlich.

Böhmische Küche sei die Ausdehnung der Wiener Mehlspeisen auf alle Gänge, stellten meine Begleiter nicht zu Unrecht fest. Und warnten vor der Wuchtigkeit des Essens. Die mochte früher ihre Opfer unter magenschwachen Gästen gefordert haben; heute haben sie hier die Portionen dermaßen verkleinert, daß auch Prinz Hasenherz ungeschoren davonkäme. Dabei hätte ich von den Vorspeisen gern mehr gegessen. Sie waren so köstlich, daß der Jubel an unserem Tisch kein Ende nehmen wollte: Die Kuttelflecksuppe könnte beim Prinzen einen Sinneswandel herbeiführen; die Krautsuppe, leicht sahnig und appetitanregend gewürzt, würde auch in vornehmster Umgebung Furore machen; das geröstete Knoblauchbrot mit einem erfrischenden Paprika-Tatar würde ich auch im Dunkeln wiedererkennen, und vor allem die Brimsenhaluschki mit Speck und Sauerrahm hatten es mir angetan: himmlischer Wohlgeschmack! (Was Brimsenhaluschki ist oder sind, läßt sich schwer beschreiben. Brimsen jedenfalls ist Quark aus Schafmilch, und geformt sind die Dinger wie Fingerhüte. Die leckersten Fingerhüte des 4. Bezirks.)

Dann kamen die Hauptgerichte und sahen wieder so vielversprechend aus wie das Vorausgegangene. Gefüllte Krautnudeln mit Brösel und Speck; gespickter Rindslungenbraten mit Wurzelrahmsauce und Serviettenknödel; Karlsbader Gulasch (Rindsfilet) mit Rahm und böhmischen Knödeln; gemischte Knödel mit süßem Kraut – das waren

Für alle Liebhaber der böhmischen Küche ein absolutes Muss.

die Feldzeichen, unter denen wir angetreten waren, für Böhmen eine Schlacht zu schlagen. Doch dann wurde es nur ein Scharmützel. Bei dem süßen Kraut – das auch den Inhalt der plumpen Teigtaschen ausmachte – einigten wir uns darauf, die extravagante Süße als original böhmisch zu akzeptieren und blickten etwas neidisch zu den Biertrinkern am Nachbartisch hinüber. Der Lungenbraten war edelstes Filetfleisch, zart und saftig, aber leider ungewürzt. Das Filetgulasch schließlich hatte Fasern wie ein Ochsenschwanz. Und als die Nachspeisen auch nicht besser waren als beislüblich, konzentrierten wir uns auf den Wein. Der stammte aus Österreich und war sehr gut.

Rudi's Beisl

5. Bezirk

Wiedner Hauptstrasse 88,

Tel. 544 51 02

Geöffnet Montag bis Freitag

11.30 bis 14.30 und 18.00 bis 24.00 Uhr;

samstags, sonn- und feiertags

geschlossen;

Reservierung erwünscht

Ambiente	Küche
☆ ☆ ☆	☆ ☆ ☆ ☆

Nichts deutet in dieser südlichen Ausfallstraße drauf hin, daß hinter der unscheinbaren Fassade mit den weißen Glaslampen das Wiener Beislwunder sich materialisiert hat. Die Gestalt, in der es sich präsentiert, ist typisch nur insofern, als ja nun wirklich nicht jedes Beisl aussehen kann, als habe Kaiser Franz Joseph höchstpersönlich dort schon seinen Tafelspitz gegessen. Doch im Gegensatz zu den üblichen Thonet-Ruinen auf durchgelaufenem Parkett fällt hier eine an Seeuferhütten erinnernde Kombination von

Hinter unscheinbarer Fassade wartet der Siebte Himmel aller Geniesser.

blau-grün gestrichenem Holz und weißen Küchenstühlen ins Auge, und zwar in der wohltuend schlichten Version, die noch ohne Designer auskommt.

Die Speisekarte, die der überaus höfliche Besitzer dem Gast vorlegt, verzeichnet ausschließlich typische Beislgerichte, nicht mehr und nicht weniger. Aufmerksam wird man bei dem gedruckten Hinweis (»Lieber Gast ... «), daß die Fleischlaberln mit dem geltenden Lebensmittelgesetz nicht im Einklang stünden, da sie mehr Schweine- als Rindfleisch enthielten, und überdies der Mehlanteil nicht den Vorschriften entspräche.

Es handelt sich dabei um eingebackene Hackfleischklöße, die, wenn man sich an das krachend-knusprige Äußere gewöhnt hat (oder es ohnehin bevorzugt), von allerhöchstem Wohlgeschmack sind.

Die anderen Speisen bedürfen keines besonderen Kommentars auf der Karte. Sie sind perfekt. Das Wiener Schnitzel vom Kalb ist keine Spur schlechter als die angeblich besten Exemplare der Stadt; die Spanferkelhäuptlsulz ist von zarter Wohlgefälligkeit; der Rote-Rüben-Salat, durch Kren zum Appetitanreger befördert, nimmt es leicht mit dem vorzüglichen Erdäpfelsalat auf, welcher wiederum zu den Musterbeispielen seiner Art gehört; das zart-saftige Schulterscherzl wird in Rudi's Beisl von einer Portion Erdäpfelgröstel begleitet, die ich zum ersten Mal völlig vernichtet habe – so gold, so butterig und so gut gewürzt habe ich sie vorher noch nie gegessen.

Nicht anders die Nachspeisen, eine so köstlich wie die andere. Doch das überrascht nicht mehr. Denn wie in allen Restaurants mit einer überdurchschnittlichen Küche weiß man bereits beim Hauptgericht: hier kann nichts mehr schiefgehen, hier bin ich in einer Rettungsstelle für Fraßgeschädigte gelandet. In Wien heißt sie Rudi's Beisl. Das Weinangebot entspricht dem blauweißen Ambiente, es paßt zu einem Seeuferhüttenfest.

Fleischlaberln

für 4 Portionen

600 g Faschiertes (40% vom Rind, 60% vom Schwein), 1½ Semmeln (eingeweicht und ausgedrückt), ½ Zwiebel fein geschnitten, 2 EL Öl, ½ Knoblauchzehe, 1 EL gehackte Petersilie, Semmelbrösel, Salz, Majoran, Pfeffer, 1 Ei, Mehl, Semmelbrösel, Öl zum Backen

Zwiebel in Öl anschwitzen, mit Faschiertem und der Semmelmasse mischen, würzen, gut durchkneten. Bei Bedarf Semmelbrösel zum Binden zugeben. Aus der Masse Laibchen formen in Mehl, versprudeltem Ei und Brösel panieren und in reichlich Öl backen.

Erdäpfelrösti – Erdäpfelgröstel

für 4 Portionen

800 g festkochende geschälte Erdäpfel, 2 EL Öl, 1 EL Butterschmalz, Salz

Öl in beschichteter Pfanne erhitzen. Die gerissenen und gesalzenen Erdäpfel in die Pfanne geben, festdrücken. Butterschmalz am Rand der Pfanne zugeben. So lange anbraten, bis die Erdäpfel am Rand der Pfanne leicht Farbe zeigen. Dann mit Schaufel oder durch Schupfen wenden und fertig bräunen.

Schwarzer Adler

5. Bezirk
Schönbrunner Strasse 40,
Tel. 544 11 09
Geöffnet Dienstag bis Samstag
11.00 bis 15.00 und 18.00 bis 24.00 Uhr;
Sonntag und Montag geschlossen;
Feiertage: sollten diese auf Sonntag oder Montag fallen, dann geschlossen, ansonsten geöffnet;
Reservierung erwünscht;
mit Garten

Ambiente	Küche
☆☆☆☆	☆☆☆

Stattlich ist das zutreffende Attribut für die hohen Räume mit den eindrucksvollen Täfelungen, dem großzügigen Platz zwischen den Tischen und den altmodischen Dekorationen an Wänden und auf dem Boden. Mit letzterem ist das Parkett gemeint, ein Luxus, den sich heute kaum noch ein Restaurant leistet. Deshalb ist die Frage, ob es sich beim Schwarzen Adler überhaupt um ein Beisl handele, nicht so abwegig. Ein Blick in die Speisekarte räumt jedoch die Zweifel aus. Ja, es wird hier alles angeboten, was die Wiener Küche ausmacht. Die Blunzen, der Kalbskopf, der Wels, das Huhn, das Schnitzel, der Rindslungenbraten und wie sonst die Erkennungsmelodien in den Beisln heißen. Und alles ist in Teig eingebacken. Der Inhalt ist von bester Qualität im Schwarzen Adler, die Hülle nicht immer. Das bedeutet: Sie kann zu dick sein. Also saftiger Wels in schwerem Bröselpanzer; Blunzen, die ihren Geschmack den Bröseln unterordnen müssen. Ein Problem, das sich als erstes dem Esser aufdrängt. Das zweite ist die ortsübliche Unwilligkeit der Küche, die Dinge, die sie herstellt, mit Salz und Pfeffer abzuschmecken. Darüber hinaus gibt es keine weiteren Probleme.

Vom Grammelschmalz und Liptauer (eine Masse aus Topfen, Paprika und Gewürzen), die als Gruß aus der Küche zum (kostenlosen) Brot auf den Tisch gestellt werden, bis zu den herrlichen Desserts, unter denen der rustikale Kaiserschmarrn mit seiner Powidlsauce oder Zwetschkenröster einen Höhepunkt darstellt, verrät hier alles die routinierte Hand eines Küchenmeisters. Sie können alles, die Köche des schönen Beisls, und sie beweisen es täglich unzählige Male. Nur mit dem Abschmecken – aber das hatten wir schon. Immer wieder fragt man sich: warum nicht ein paar Tropfen Essig an den Erdäpfelsalat; warum kein Salz in die Brösel. Dabei ist die Originalversion des Uralt-Wienerschnitzels, die angeblich aus flach geklopftem Rindsfilet gemacht wird und hier zu probieren ist, hervorragend. Ebenso die Variationen vom Kochfleisch sowie – auch dies nicht alltäglich – die passabel abgeschmeckten Gemüsebeilagen.

Die Ambitionen des Schwarzen Adlers sind nicht nur an den gepflegt eingedeckten Tischen mit den besseren Gläsern zu erkennen; die Weinkarte verzeichnet viele von Österreichs Paradeweinen und einige weniger prominente, deren Bekanntschaft man gern vertiefen möchte.

Diese Köche können alles, vom appetitlichen Liptauer bis zu herrlichen Desserts.

Folgende Doppelseite: Von der Holztäfelung bis zu den Lampen – eine einzige Augenweide!

DOORNKAAT
NORDEN,

Gebackener Rindslungenbraten

für 2 Portionen

4 Scheiben Rindslungenbraten
(je 80 g, 1,5 cm dick), 1 Becher Butterschmalz,
2 Eier, Mehl, Semmelbrösel

Die Rindslungenbraten-Stücke salzen und in Mehl, Eiern und Semmelbrösel panieren, in Butterschmalz bei 180°C in der Pfanne goldbraun backen. Danach auf ein saugfähiges Papier legen. Dazu wird im Schwarzen Adler Erdäpfelsalat und Häuptl-Vogerl-Salat serviert.

Kaiserschmarrn

für 2 Portionen

50 g Mehl, 1/8 l Milch, 4 Eidotter, 4 Eiklar,
40 g Kristallzucker, 40 g Staubzucker, Vanillezucker, 2 TL Rosinen

Mehl, Milch und Eidotter glattrühren, Eischnee mit Kristallzucker steif schlagen und unter die Masse ziehen. Rosinen beigeben. In einer heißen Pfanne reichlich Butter schmelzen und die Masse eingießen, anbacken und im Rohr bei 160° C fertigbacken. Danach den Schmarrn zerkleinern, mit Staubzucker bestreuen. Als Beilage wird serviert:

Zwetschkenröster

Zwetschken entkernen, mit Zucker und Rum dünsten, kalt stellen.

Silberwirt

5. Bezirk
Schlossgasse 21,
Tel. 544 49 07
Geöffnet Montag bis Sonntag
12.00 bis 24.00 Uhr;
Feiertage geöffnet
(ausser Weihnachten)

Ambiente	Küche
☆ ☆ ☆	☆

Im hübschen Biedermeierviertel beim Margarethenhof ist der SILBERWIRT das beliebteste Wirtshaus. Ich vermute: wegen des Gartens. Die Wiener sind, wie alle Großstädter, wild darauf, im Sommer auf Gartenstühlen unter Bäumen zu essen und zu trinken. Dann sind ihnen die ungleichmäßigen Leistungen der Küche nicht mehr wichtig; Hauptsache, es rieselt von oben die Blattlaus.

Die Ungleichmäßigkeiten sind so irritierend, daß ich statt des einen Punktes auch zwei hätte vergeben können. Falsch ist beides nicht. Denn

IN DEN BUNT DEKORIERTEN RÄUMEN SITZT SICH'S GANZ GEMÜTLICH.

da waren einerseits die kräftigen und gut aromatisierten Suppen, das Sauerkraut mit feinen Speckstücken und dem rassigen Geschmack sowie ein Heringsalat, der keine Wünsche offen ließ. Wir mühten uns aber auch mit einer zwar rosa gebratenen, aber trockenen Entenbrust ab (jene Kombination, die wir der Tiefkühltruhe verdanken), reagierten kaum weniger unlustig auf die Streifen von der Hühnerbrust, grausten uns vor der riesigen Portion Blunzengröstel, die mit undelikat groben Zwiebelstücken geradezu gespickt war. Die einfache, aber notwendige Verfeinerung durch Piment oder andere Gewürze war dem schwarz-grauen Haufen leider nicht gegönnt worden. Ein gebackener Karpfen war technisch untadelig, hatte aber keinen Geschmack, was auch durch den Erdäpfelsalat nicht wettgemacht wurde, da dieser ebenfalls zu unauffällig war, um Jubelrufe zu provozieren.

Ähnlich verwirrend der Nachtisch. Penetrante Vanillesauce zu passablen Buchteln; trockener Kastanienreis ohne Pfiff, aber mit Obers.

Wahrscheinlich kann in der Küche des Silberwirts jemand besser kochen, als es der eine Punkt vermuten läßt. Er müßte es bloß beweisen. Große Portionen allein genügen nicht.

Auch beim Ambiente erhebt sich die Frage, ob nicht zwei statt drei Punkte genügten. Da ist nämlich eine Musikanlage, die eigentlich ausreicht, um ein Lokal um jeglichen Bonus zu bringen. Aber abgesehen davon sitzt man doch sehr gemütlich in den bunt dekorierten Räumen – Plakate an der Holztäfelung, alte Bilder und bäuerlicher Kitsch darüber –, und die Bedienung ist so freundlich, daß man das bescheidene Weinangebot großzügig übersieht.

Zum Alten Fassl

5. Bezirk
Ziegelofengasse 37,
Tel. 544 42 98
Geöffnet Montag bis Freitag
11.30 bis 14.30 und 18.00 bis 1.00 Uhr;
Samstag 18.00 bis 1.00 Uhr;
sonn- und feiertags 12.00 bis 15.00
und 18.00 bis 1.00 Uhr;
mit Garten

Ambiente	Küche
☆☆☆	☆☆

Ein niedriges Biedermeierhaus in einer sonst wenig attraktiven Straße des 5. Bezirkes. Gleich hinter dem Eingang eine kleine Theke, an deren Rückwand ein Schild den Gast ermahnt: »Keine Stehausschank«. Dem mysteriösen »e« nachsinnend, wird er von einem der beiden Kellner in weißem Hemd und schwarzer Hose zum Tisch geleitet. Eine saubere weiße Tischdecke dient als Unterlage für eine Kerze und den unvermeidlichen Gewürzträger, der mit Zahnstochern und einer Flasche (Maggi?) zusätzlich bestückt ist. In zwei Räumen können die Gäste sitzen, im Sommer auch im Garten. Der vordere Raum ist bunt. Bunt bemalt und bunt mit Plakaten beklebt, so daß von der Holztäfelung nichts mehr zu sehen ist. Im zweiten Raum, wo die Lampen heller und die Dekorationen spärlicher sind, fehlt auch der Lautsprecher, der die Gäste des ersten Raumes mit unüblichem Musikgedudel versorgt. Gottlob erfreut sich das ALTE FASSL großer Beliebtheit bei jung und alt, Bürgern und Künstlern, so daß es nicht lange dauert, bis die angeregte Stimmung der Gäste die Musik übertönt.

Dieses Beisl erfüllt ziemlich genau die Ansprüche, die ein Wiener Beislfreund an sein Lieblingslokal stellt. Es ist alt, verrußt, verschlissen und bar jeglichen Komforts. Aber authentisch und daher gemütlich. Man sitzt auf Thonetstühlen oder an der Wand entlang auf einer Holzbank. Die Kellner geben sich Mühe, und die Gäste schnurren vor Behaglichkeit.

Bei der Knoblauchcremesuppe hat mich das noch gewundert. Sie war ein mehliger Sumpf ohne Geschmack. Aber wahrscheinlich ein Ausreißer, ein Versehen; denn von da an ging's bergauf. Der Vogerlsalat »Altes Fassl« hätte zwar in anderen Städten einer kompletten Familie als Hauptgericht gereicht, er war aber in seinen Einzelheiten (Vogerlsalat, Erdäpfel, Speck, Röstbrotwürfel) sehr schön abgeschmeckt. Das Wiener Kalbsschnitzel hatte alle guten Eigenschaften, die es haben muß, und keine schlechten; ein Schweinskotelett mit Knoblauch war tatsächlich

Bemalte Wände und bunte Plakate dienen jeden Abend als Hintergrund für den beliebten Beisltreff.

verschwenderisch mit Knoblauch belegt, was seine schwache Würzung wett machte. Nur die fritierten Kartoffelviertel zwangen die Hand unbarmherzig zum Salzstreuer. Die Topfenknödel mit Zwetschken erwiesen sich auch hier wieder als sicherer Tip für einen guten Abschluß. Die Weinkarte entspricht genau der Küche: Nicht sehr ambitioniert, aber ausreichend; vom Jamek stammen je ein Grüner Veltliner und ein Riesling.

Zur Goldenen Glocke

5. Bezirk
Schönbrunner Strasse 8,
Tel. 587 57 67
Geöffnet Montag bis Samstag
11.00 bis 14.30 und 17.00 bis 23.00 Uhr;
sonn- und feiertags geschlossen;
Reservierung erwünscht;
mit Garten

Ambiente	Küche
☆☆☆☆	☆☆

Der Naschmarkt ist in Sichtweite, also darf man erwarten, daß die Fische, die in der GOLDENEN GLOCKE in ungewöhnlicher Vielzahl (Lachs, Zander, Wels, Steinbutt) auf der Tageskarte stehen, frisch sind. Lediglich der Umstand, daß Wien nicht am Meer liegt, könnte zu der Überlegung führen, es mit der Frische nicht so genau zu nehmen. Doch dann war es der Wels, also ein Flußfisch, welcher stellenweise die Vergänglichkeit allen Lebens erahnen ließ. Aber die Küche hatte er perfekt gebraten verlassen, wenn man darüber hinwegsieht, daß der Griff zum Salzstreuer wieder einmal notwendig war.

Aber nur bei ihm. Das Hirschkalbragout war ein wenig hart, aber die Sauce gut abgeschmeckt und der Semmelknödel von der besseren Sorte. Als ganz besonders gut, weil nicht von der alltäglichen Art und dazu locker, zart und gut gewürzt, erwies sich ein mit Rindfleischhack und Spinat gefüllter Strudel. Daß er in viel würziger Sauce dahergeschwommen kam, störte mich nicht. Eher schon die wieder einmal wässerige Salatsauce. Vorher hatte ich eine Spezialität gegessen: Schwarzwurzeln mit Butterbröseln. Als Kind habe ich Schwarzwurzeln gehaßt. Heute würde ich mich bemühen, bei meinen Kindern einen Widerwillen gegen diesen Spargelersatz nicht aufkommen zu lassen. Ich bezweifle jedoch, ob es mir mit dem Rezept der GOLDENEN GLOCKE gelingen würde. War nichtssagend. Gut gelungen hingegen die Suppen. Die Gansleinmachsuppe hatte einen schönen Geschmack und mürbe Fleischstücke von der Gans; die Hühnerbouillon erinnerte mich an die besseren Tage meiner Kind-

EIN SOMMERTRAUM MITTEN IN WIEN – UND ALLE BERÜHMTHEITEN DER STADT SCHAUEN ZU …

Zeller
Lanner
Gluck
Mozart
Haydn
Gallmeier
Geistinger
Krones
Raimund
Suppe
Josef Strauss
Schubert

heit. Viele der Nachspeisen stammen aus der Alt-Wiener Küche und hatten jenes Etwas, das wir nostalgisch als Tradition bezeichnen, wo es sich doch in Wirklichkeit nur um eine etwas grobe und blasse Variante der biederen Hausmannskost handelt.

Da auch das Weinangebot hier wenig Staat macht, muß das Ambiente erklären können, warum die Goldene Glocke so beliebt ist. Das ist nicht schwer. Die beiden Speiseräume sind hübsch dekoriert. Im einen – dem mit der schwarzen Holzwand – sitzt man wie in Franz Josephs Schoß, nur enger; im anderen bequemer. Im dritten, dem kleinsten Raum, kann man eine museumsreife Jugendstillampe bewundern. Doch die wirkliche Attraktion, die im Sommer Gäste aus allen Bezirken anlockt, ist der Garten. Mit seiner Weinlaubbedachung, einem ausklappbaren Dach und vor allem einem großen Wandbild, auf dem sich die Wiener Prominenz von Petrus (auf Urlaub in Wien) über Nestroy bis Strauß (Johann?) ein lustiges Stelldichein gibt. Wer da an einem warmen Sommerabend auf den grünen Gartenstühlen sitzt, dessen Liebe zu dieser Stadt währt ewiglich.

Ludwig van

6. Bezirk

Laimgrubengasse 22,

Tel. 587 13 20

Geöffnet Montag bis Samstag

18.00 bis 1.00 Uhr;

sonn- und feiertags geschlossen;

Reservierung erwünscht

Ambiente	Küche
☆☆☆	☆☆

Wieder ein schönes Beisl mit dunkler Holztäfelung, darüber verräucherte Bilder und schwarze Tafeln mit den Empfehlungen der Tagesküche, Holzfußboden und ein paar Großmuttermöbeln zur Hebung der Gemütlichkeit. (Der Beisl-Purist an unserem Tisch bemerkte sie mit scheelem Blick.) Das Publikum, jung, aber eher brav-bürgerlich, scheint sich hier sehr wohl zu fühlen. LUDWIG VAN ist ständig ausgebucht, der Stimmenwirrwarr ist gewaltig und wird zusätzlich durch Tonbandmusik unterstützt.

Die Beliebtheit des Beisls ist möglicherweise auch dadurch zu erklären, daß die Portionen der verabreichten Speisen rekordverdächtige Aus-

DIE LANGE THEKE MACHT DAS WARTEN AUF EINEN DER RAREN FREIEN TISCHE ZUM VERGNÜGEN.

maße haben. Wer in der Lage ist, hier einen Vorspeisenteller und ein Hauptgericht zu verdrücken, eventuell noch eine Mehlspeise nachzuschieben, kann auf Ärztekongressen als der Mann mit dem eisernen Magen auftreten.

Das Erdäpfelgröstel: ein Großglockner; der Specklinsenteller mit Semmelknödel so groß wie der Neusiedler See. Das Rieslingbeuscherl vom Kalb nebst Knödel aufgegessen zu haben, ist eine Eintrittskarte für den Klub Gargantua. Ein großer, schwarzer Höhenzug auf dem Teller wird für wenig Geld als Blunzengröstel verkauft. So nascht man verwirrt ein wenig von diesem und ein wenig davon, und dann erschrickt man fast vor der Malakoffnockerln genannten Nachspeise: Es handelt sich um zwei sehr delikate, pflaumige Klößchen, die nach Ludwig-van-Maßstäben winzig genannt werden müssen.

Eine Besonderheit der Küche ist das Fehlen von Salz- und Pfefferstreuern auf den Tischen. Das ist durchaus einleuchtend. Denn hier wird

Besonders junge Leute lieben das schöne Ambiente und – die Riesenportionen.

gewürzt, und wie! Zwei Tischgenossen formulieren das Wort »salzig« in mehr als mißbilligender Weise, während ich das Beste daraus machte und mich an den Grünen Veltliner von Jamek hielt, der hier glücklicherweise in Literflaschen serviert wird. Und zwar in einer so freundlichen Weise von zwei adretten und gutgelaunten

Mädchen serviert, daß man sich fragt, wo all die unwilligen Kellnerinnen und Kellner von früher geblieben sind.

Vor dem Speisesaal gibt es am Eingang eine lange Theke, wo Gäste sich Mut antrinken können für die kommende Erdäpfelorgie, während sie auf einen frei werdenden Tisch warten.

Beim Novak

7. Bezirk

Richtergasse 12,

Tel. 523 32 44

Geöffnet Montag bis Samstag

11.30 bis 14.30 und 18.00 bis 24.00 Uhr;

sonn- und feiertags

geschlossen

Ambiente	Küche
☆☆	☆☆☆☆

Wieder ein Beisl von der gutbürgerlichen Sorte. Also hell, aufgeräumt, frisch gewaschen und gekämmt: nichts für den Sozialromantiker. Irgendwann ist hier die Romantik wegrenoviert worden. Man sitzt in Logen, von denen zwei mit leicht skurrilen Bildchen dekoriert sind. Die Wand der einen ist mit Kleinkinderfotos zugehängt, bei der anderen sind es erwachsene Nakkedeis auf den Postkarten aus der Zeit um die Jahrhundertwende. Auch ist die Speisekarte unüblicherweise bebildert, die Speisen werden typographisch genauso ordentlich vorgestellt, wie die Tische eingedeckt sind. Einmal nicht dem Chaos schwer lesbarer Handschriften ausgeliefert, denkt der Gast erfreut und macht sich Hoffnungen aufs Essen. Und die werden nicht enttäuscht.

Auf alten Kinderfotos und Postkarten gibt's für Neugierige viel zu schauen.

Lachstatar ist natürlich keine Alt-Wiener Küche. Aber wenn es so frisch und so appetitlich gewürzt ist wie hier, beginne ich mein Menü gern auch mal mit einem Treuebruch. Dafür probiere ich danach eine burgenländische Rahmsuppe, deren sanftes Kümmelaroma von jedermann zu Recht gelobt wird; auch ihrer Schwester, einer Gemüsesuppe mit Käse, fällt es nicht schwer, unserer Tischrunde zu gefallen. Einhellige Begeisterung sodann beim Szegediner Gulasch! Das rosa Kraut ist köstlich, der Semmelknödel perfekt, und

Bei so viel Köstlichkeiten ist der Appetit garantiert!

die Fleischstücke sind von jener Sorte, die auch den Verächter des Hausschweins nachsichtig stimmt. Der Sauerrahm wird in einer kleinen Sauciere extra serviert. Dieses Privileg genießen auch die Erdäpfelnockerln, welche zum zarten Lammgulasch gehören. Sie sind klein und wunderbar luftig, so daß sie rubbeldiekatz weggeputzt werden, ein Schicksal, das sogar der großen Portion Gröstel nicht erspart bleibt, da sie weder deftig noch fett, sondern sehr manierlich geraten sind.

Ansonsten sind die Portionen übersichtlich. Der gewohnte Schweißausbruch angesichts der Hügelketten auf Tellern unterbleibt. Und als sich ein Biskottenparfait als Glanzstück und der Kaiserschmarrn als vorbildlich herausstellen, ist die Feststellung unvermeidlich, daß es sich beim Novak um ein Beisl der Oberklasse handelt.

Die Weinkarte ist ausreichend, die Angaben zu den einzelnen Flaschen sind erfreulich informativ (Alkoholgehalt, detaillierte Herkunftsbezeichnungen) und die Gläser selbstverständlich von der feinen Sorte.

Auch ohne Spinnweben und Altväter-Romantik ein echtes Beisl zum Wohlfühlen.

Szegediner Gulasch
für 4 Portionen

600 g Schweinefleisch (Schulter ohne Schwarte), 60 g Fett, 250 g Zwiebel, 1 EL Rosenpaprika, Salz, Kümmel, 1 zerdrückte Knoblauchzehe, 500 g Sauerkraut, 1/8 l Sauerrahm, 10 g Mehl

Die in Streifen geschnittene Zwiebel in heißem Fett goldgelb rösten, paprizieren, mit etwas Wasser ablöschen. Das würfelig geschnittene Fleisch sowie Salz, Kümmel und Knoblauch dazugeben und dünsten. Sobald das Fleisch halb weich ist, das Sauerkraut beigeben und alles weich dünsten (etwa 1/2 Stunde). Zum Schluß Sauerrahm mit Mehl gut verrühren und untermischen, noch 10 Minuten ziehen lassen.

Lammgulasch
für 4 Portionen

600 g grobwürfelig geschnittenes Lammfleisch, Fett zum Braten, 250 g Zwiebeln, 20 g Paprika, Salz, 1 Knoblauchzehe, Zitronenschale, 1 EL Paradeismark, 1/8 l Sauerrahm, 20 g Mehl

Die feingeschnittenen Zwiebeln in heißem Fett goldgelb rösten, paprizieren, mit Wasser ablöschen und etwas einkochen lassen. Das vom gröbsten Fett befreite Lammfleisch beigeben, mit

Salz, zerdrücktem Knoblauch, Zitronenschale und Paradeismark würzen. Das Fleisch möglichst im eigenen Saft weich dünsten und dann in ein frisches Geschirr umfüllen. Den Sauerrahm mit Mehl gut verrühren, damit den Saft binden – und über das Fleisch gießen.

Grünauer

7. Bezirk
Hermanngasse 32,
Tel. 526 40 80
Geöffnet Montag bis Freitag
10.00 bis 15.00 und 18.00 bis 24.00 Uhr;
samstags, sonn- und feiertags
geschlossen;
Reservierung notwendig

Ambiente	Küche
☆☆☆	☆☆

Ein hübsches Beisl, klein, sauber und im ersten Raum mit gemütlichen Sitznischen ausgestattet. Viel helles Holz, viele Flaschen auf dem Sims über und neben der Theke. Vernünftige Lampen, ordentlich eingedeckte Tische, Holzfußboden, drei verschiedene Brotsorten (kostenlos) – hier muß man sich einfach wohlfühlen.

Zur guten Laune trägt auch die Lektüre der Speisekarte bei. Sie wird täglich neu geschrieben, also berücksichtigt die Küche die Angebote des Marktes. Darüber hinaus enthält sie Dinge, die nicht alltäglich sind, und sei es nur, weil einige Nudeln und Gemüse pannonische Namen tragen.

Eine Vorspeise, Jiddische Hühnerlebern genannt, gab sich als sehr delikate Hühnerleberpastete zu erkennen, zu der geröstetes Knoblauchbrot (schwaches Aroma) serviert wird. Die Kohlsuppe mit feingeschnittenen Speckwürfeln ist genau jene Art von Suppe, die den knurrenden Magen beruhigt und Nachtschwärmer wieder auf die Beine bringt. Ganz vorzüglich auch das gebackene Hendl auf Vogerl- und Erdäpfelsalat, wie überhaupt die Salate hier einen kräftigen Geschmack haben.

Vom Krautstrudel ließ sich das nicht gerade sagen. Daß er aufgewärmt war und deshalb innen fast kalt, addierte sich zu einer linden Sanftheit, die man auch fad nennen kann. Zu kräftig dagegen, nämlich zu salzig, schmeckte eine Speckrahmsauce zur Kalbszunge, welche mich ebenfalls nicht begeisterte. Sie lag als undelikater Fladen in einem sämigen Salzsee, den sie, kleiner und dicker geschnitten, vielleicht besser ertragen hätte. Ein Kegel aus kleinen Nudeln war dafür ohne jeglichen Geschmack. Auch ein Hendlreisfleisch hatte keinen kulinarischen Wert. Die Hühnerkeule mit ihrer dicken Haut und der matschige Reis wollten nicht zu dem schönen Beginn unseres Essens passen. Der Abschluß, wunderbar knusprig gebackene Apfelspalten, war dann wieder so sympathisch wie das ganze Lokal. Dazu gehört auch die Weinkarte. Sie verzeichnet, verblüffend für ein so bescheidenes Beisl, alles, was der Weinbeißer sich wünscht, bis hin zum Château Latour.

Der sympathische Eindruck wiederholt sich beim Blick auf die Speisekarte.

Karrer

7. Bezirk

Neustiftgasse 5,

Tel. 526 94 48

Geöffnet Montag bis Freitag

10.00 bis 23.30 Uhr;

samstags, sonn- und feiertags

geschlossen;

Reservierung erwünscht

Ambiente	Küche
☆ ☆ ☆	☆ ☆

Trotz der Nähe des Volkstheaters ist KARRER kein Schauspielertreff. Auch von der typischen Beislatmosphäre kann in den anderthalb Räumen nicht die Rede sein. Dazu sind sie zu spärlich möbliert und dekoriert. Es gibt keine lauschigen Ecktische, keine folkloristischen Nischen; mit keinem Detail wird auf das Bedürfnis der Gäste nach Gemütlichkeit eingegangen. Doch ungemütlich ist es beim KARRER auch nicht. Nur anders, klarer und moderner als sich der Wienbesucher ein Beisl vorstellt. Die Holzvertäfelung wird durch rote und blaue Felder aufgelockert, deren geometrische Anordnung man kaum als Ornament bezeichnen kann.

Vielleicht ist eines der wenigen und wohlüberlegt ausgesuchten Bilder als programmatisch für den Stil dieses Beisls anzusehen. Es handelt sich um eine Reproduktion eines Bildes von Edward Hopper, dem Maler der amerikanischen Trostlosigkeit.

Das soll nun keineswegs andeuten, im KARRER wäre die Verzweiflung zu Hause. Im Gegenteil kann die Klarheit und auffällige Sauberkeit nur sympathisch sein. Außerdem betrifft diese Beschreibung nur den hinteren Hauptraum. Vorne am Eingang, vor der Theke, stehen auch noch drei Tische, da sitzt man legerer und schon fast auf der Straße. Die Speisekarte ist klein. Aber auch sie ist etwas ungewöhnlich. Nicht wegen des einen Menüs für 80 Schilling und der gerade mal vier, fünf Gerichte à la carte. Sie wird täglich neu geschrieben, das heißt, die Küche orientiert sich am Angebot des Marktes, anstatt ein beständiges Repertoire zu bieten – ein Indiz für Ambitionen!

Die haben die beiden Frauen, die in der Küche hantieren, zweifellos. Sie kochen modern und leicht, ohne die Wiener Küche zu verraten. Das Erdäpfelgeröstl ist nur feiner, die Saucen sind leichter und die Portionen nicht so riesig wie dort, wo Rehgeweihe und Schmiedeeisen für rustikale Stimmung sorgen.

Dafür gibt es hier eine Tomatensuppe wie im Gourmet-Restaurant, ein Backhendl zum Augenverdrehen lecker; Mohnknödel und Schokoladenauflauf sind auch bei ersten Adressen nicht bes-

Wenn auch kein gemütliches Ambiente, so herrscht hier doch niemals Tristesse.

ser, der Salat ist sorgfältig verlesen und hübsch zum Vorarlberger Schafskäse gehäufelt, das gekochte Rindfleisch butterzart und der gekochte Salat nur leicht gebunden. Also für ein Beisl überdurchschnittlich.

Doch die Abhängigkeit vom Tagesangebot des Marktes bewirkt auch, daß das Rindfleisch hart sein kann und die Tortellinis zu mehlig, ein Lammfilet geschmacklich vom Schweinefilet kaum zu unterscheiden ist. Damit kehrt der Alltag wieder ein in den so fulminant gestarteten Versuch, aus dem Blunzen-Revier auszubrechen und in einer feineren Kategorie zu landen.

Doch was nicht ist, kann noch werden. Das KARRER ist relativ neu. Die Begabung der beiden Köchinnen hätte drei Punkte durchaus verdient, und wenn die Produkte ihrem Talent entsprechen, wird dieses unauffällige Beisl eine sehr interessante Adresse sein.

Das Weinangebot kann sich nur verbessern. Die Gläser sind schon gut genug, jetzt wünscht der durstige Gast sich neben dem Grünen Veltliner von Jamek auch noch ein paar andere gute Weine.

Pontoni

7. Bezirk

Burggasse 103,

Tel. 522 38 15

Geöffnet Montag bis Sonntag

12.00 bis 14.00 und 18.00 bis 1.00 Uhr;

feiertags geöffnet

Ambiente	Küche
☆☆☆☆	☆☆☆

Der Name täuscht. Hier kocht kein Italiener Pasta, hier wird unverfälschte Wiener Beislküche geboten. Und zwar auf einem erfreulich hohen Niveau. Es sind die gleichen schlichten Dinge, welche für die Beislküche typisch sind. Aber hier werden sie eine Spur besser behandelt als üblich. Das bezieht sich vor allem aufs Würzen. In der Küche des PONTONI steht jemand, der das Ab-

WONACH KENNER SICH SEHNEN: BEISL-AMBIENTE DER ANGENEHMSTEN ART.

schmecken nicht verlernt hat. So probiert man die Krautroulade mit doppelter Freude – sofern man vorher nicht das Speckbrot gegessen hat. Dabei handelt es sich um eine große (große? riesige!) Scheibe Bauernbrot, die dick (dick? haushoch!) mit kleingeschnittenem Speck von bester Qualität belegt und mit Kren vermischt ist. Eine komplette Mahlzeit für einen hungrigen Bergwanderer, wie mir schien. Dafür fiel dann das Wiener Schnitzel nicht so überdimensional aus (perfekt gewürzt und gebacken). Dazu wurde ein Teller Salat serviert, welcher trockengeschwenkt war und wozu je eine Flasche Essig und Olivenöl auf den Tisch gestellt wurde! Es hätte die lang ersehnte Wiederbegegnung mit einem ordentlichen Salat sein können, wenn ich gewußt hätte, worin die Vinaigrette anzumachen sei. Das konnte aber die Stimmung am Tisch nicht trüben, denn eine Knoblauchsuppe war überaus köstlich, der Schweinsbraten groß, saftig, aromatisch, also ge-

Ein prächtiger Schankraum beeindruckt den Besucher schon am Eingang.

nau das, wonach in Bayern verzweifelt gesucht wird, und ein Hühnerragout in einer köstlich scharfen Currysauce entschädigte die Zunge für viele ungewürzte Mahlzeiten. Kein Wunder, daß auch die Mehlspeisen erstklassig waren. Leider können die Weine da nicht mithalten, was jedoch von der Freundlichkeit der servierenden Tochter des Hauses wieder wettgemacht wird.

Das Pontoni ist eine Eckwirtschaft, die man leicht übersieht, da sich der Eingang in der Halbgasse befindet. Vorne ist ein prächtiger Schankraum installiert. Die Esser sitzen hinter einer offenen Milchglastür an schwarzen Holztischen in einem authentischen Beisl-Ambiente der angenehmsten Art – ein Sammlerstück!

Anmerkung der Redaktion: Dem Wunsch nach dem Rezept des Schweinsbratens wurde nicht entsprochen: »Den macht die Mutter jeden Montag, das ist ihr Rezept. Der schmeckt nur in der Burggasse so … «

WIENER

7. BEZIRK

HERMANNGASSE 27,

TEL. 524 52 52

GEÖFFNET TÄGLICH VON 18.00 BIS 4.00 UHR

AMBIENTE	KÜCHE
☆ ☆ ☆ ☆	☆ ☆

Wer hier eintritt, und die Sonne steht nicht zufällig noch am Himmel, muß sich vorkommen wie Lord Carnarvon bei der Entdeckung von Tutanchamuns Grabkammer. Kein Hinweis draußen an der Tür oder darüber, daß sich dahinter ein Schatz verbirgt. Dringt man dann ein und schlägt den Vorhang zur Seite, empfängt einen ägyptische Grabkammerfinsternis. In New York war das die Mode der achtziger Jahre, als die Kellner die Rechnung mit der Taschenlampe brachten. Hier bringen sie sie nur, wenn der Laden bumsvoll ist. An einem Sonntagabend, bei schwacher Besetzung, warteten wir länger darauf als aufs Essen.

Die Dunkelheit wird durchbrochen von einer Deckenlampe (15 Watt) und unterstützt durch drei weitere, welche nicht eingeschaltet sind. Auf den schwarzen Tischen brennt eine Kerze. Der Fußboden ist vermutlich ebenfalls schwarz; die sehr schönen Wandtäfelungen könnten dunkelbraun sein. Man müßte das mal bei Tageslicht untersuchen. Aber der WIENER ist nur abends geöffnet ...

Schön sind auch die Stühle, die alten Spiegel hier und da an den Wänden, die Theke und was sich sonst mit Mühe erkennen läßt. Erst nach einer Stunde gewöhnt sich das menschliche Auge ein wenig an das schwarze Loch, in das man da gefallen ist. Aber zu diesem Zeitpunkt hat man bereits gegessen und versucht vergeblich, die lärmende Discomusik aus den Ohren zu schütteln.

Trotzdem vier Punkte fürs Ambiente. Weil ein tauber Maulwurf sich hier einfach wohlfühlt.

MAULWÜRFE HÄTTEN IHRE HELLE FREUDE AN DIESEM NÄCHTLICH-DUNKLEN PRACHTBEISL.

Daß die Weingläser in der Grabkammer zwangsläufig schlecht poliert sind, läßt sich nur feststellen, wenn man sie dicht an die Kerze hält. Das gleiche gilt für die Speisekarte, deren Inspektion einem die Tränen in die Augen treibt. Das Essen dagegen hat keine gravierenden Folgen. Weder ist es zu bejubeln, noch wird einem schlecht davon. Es entspricht dem Beisldurchschnitt, was Qualität und Preise angeht. Die Portionen sind etwas kleiner, was mit Hilfe des Tastsinns leicht festzustellen ist. Wie immer sind die Suppen das beste, und wie so häufig findet sich unter den Nachspeisen die eine oder andere hübsche Grabbeigabe. Im WIENER waren es die Topfenobersnockerln. Flaschenweine gibt es zwei. Das ist die Rache der Pharaonen.

ZUR STADT KREMS

7. BEZIRK

ZIEGLERGASSE 37,

TEL. 523 72 00

GEÖFFNET MONTAG BIS SAMSTAG

11.00 BIS 14.00 UND 18.00 BIS 24.00 UHR;

SONN- UND FEIERTAGS 11.00 BIS 15.00 UHR;

VOM 1. JUNI BIS 1. OKTOBER

SONN- UND FEIERTAGS GESCHLOSSEN

RESERVIERUNG ERWÜNSCHT;

MIT GARTEN

AMBIENTE	KÜCHE
☆☆☆	☆

Hier schwelgen Traditionalisten in Nostalgie. Also alle Stammgäste; denn der große Reiz dieses Beisl ist nicht seine Küche, sondern das Ambiente. Lubitsch hätte in den beiden schmalen Räumen einen Film drehen können über Glück und Leid der kleinen Leute des bürgerlichen 7. Bezirks. Sogar für Musik wäre gesorgt gewesen,

WIE AUS EINER FILMKULISSE: DAS STAMMLOKAL ALTER WIENER LIEDERMACHER.

denn das Gasthaus ZUR STADT KREMS war um 1930 das Stammlokal der Wiener Liedermacher, deren rührend altmodische Fotos hoch an der Wand des Hinterzimmers zu bewundern sind. Der Herr Ober in seinem schwarzen Jackett mit den Seidenrevers gehört ebenso zum Inventar wie die Stofftapeten und die 1928 installierte automatische Kegelbahn, deren Anlage auf jeder Trödelmesse eine Attraktion wäre. Eine Attraktion ganz realer Art ist die Frau Wirtin, deren Freundlichkeit so weit geht, daß sie dem Gast, der einen Flaschenwein bestellt, Gläser der besseren Sorte auf den Tisch stellt.

FRAU WIRTIN SPIELT GERNE MIT IM TÄGLICHEN VOLKSSTÜCK NAMENS BEISLGLÜCK.

Die Küche hat ihre Höhen und Tiefen, wobei das Gesamtniveau den Gipfel eines Feldherrenhügels nicht überragt: Rindsbrühe herzerwärmend; Grießnockerl schön locker; Leberknödel etwas penetrant; Kalbsbeuscherl mit starkem Altherzaroma; Backhuhn und Wiener Schnitzel eine Augenweide und zart, allerdings vom Salz verschont; beim Erdäpfelsalat wird zusätzlich auch mit Essig gespart.

Die Wohnzimmeratmosphäre und – im Sommer – der kleine Innenhof sind eine unvergleichliche Kulisse für ein Volksstück namens Bürgerglück.

PRINZ FERDINAND

8. BEZIRK

BENNOPLATZ 2,

TEL. 402 94 17

GEÖFFNET DIENSTAG BIS SONNTAG

11.00 BIS 15.00 UND 18.00 BIS 24.00 UHR;

MONTAGS GESCHLOSSEN;

MIT GARTEN

AMBIENTE	KÜCHE
☆☆	☆☆☆☆

Vom Rathaus spaziert man knapp zwanzig Minuten die Florianigasse entlang und erreicht den Bennoplatz. (Benno Pointner war ein Abt und lebte vor 200 Jahren.) Das PRINZ FERDINAND ist ein Eckbeisl. Flach und geduckt liegt es am Anfang der Bennogasse und macht, wie so viele Beisln außerhalb der Innenstadt, einen dörflichen Eindruck. Als müsse es den wieder wettmachen, tragen die Kellner eine schwarze Weste über dem weißen Hemd, und auf den Tischen liegen Stoffservietten.

Das Beisl besteht aus drei Räumen. Vor der Theke am Eingang stehen zwei runde Tische, an denen schon mal Stammgäste sitzen und Zeitungen lesen wie in einem Café. Links ist die Jäger-

STAMMGÄSTE HALTEN MIT VORLIEBE DIE BEIDEN RUNDEN TISCHE BESETZT.

stube, wo über der mannshohen Holztäfelung ein paar Geweihe hängen. Geradeaus, in einem schmalen Durchgang, steht der Schrank mit den Rotweinflaschen, was den Eintretenden insofern freut, als er vorn neben dem Tresen bereits einen Kühlschrank für Weißwein bemerkt hatte und deshalb, nicht zu Unrecht, auf ein spezielles Interesse der Besitzer am Wein schließt. Noch weiter geradeaus geht es ins Kaiserstüberl, das dem Namensgeber des Lokals gewidmet ist (Höchstderoselbst als Portrait nebst Verwandtschaft), der allerdings kein Kaiser war.

Die Speisekarte ist ein respektables Buch, welches auf vielen Seiten eine vorbildliche und umfangreiche Weinauswahl enthält. Zu essen gibt es die üblichen drei Suppen, gefüllte Teigtaschen, Nockerln und Fleisch vom Almrind und Freilandkalb. Der Hinweis auf diesen für die Qualität der Speisen wichtigen Umstand ist nicht eben üblich in den Beisln und erweckt größere Erwartungen. Und die werden auch nicht enttäuscht. Die

Der gut gefüllte Rotweinschrank mit Blick ins Kaiserstüberl.

»Milde Pfefferniere« war gottlob gar nicht so mild, sondern gut gewürzt und darüber hinaus ziemlich perfekt gebraten. Die Tatsache, daß sie nicht als Riesenportion auf den Tisch kommt, wird höchstens Dr. Gierschlund verstimmen; der Feinschmecker registriert es dankbar. Eine

KAFFEE
NABER

Ein Platz im Gastgarten erhöht den Genuss.

Hecht- und Lachsroulade als Vorspeise verrät die Ambitionen der Küche; die Sauschädelsulz, die woanders Schweinskopfsülze heißt, war denn auch tadellos, die Blunzen mit Erdäpfelgröstel hatten Gourmetqualitäten, welche durch den delikaten Warmen Krautsalat noch verstärkt wurden. (Warum schmeckt er woanders nie so gut? Ist doch nicht schwer ...) Ein Rehbraten war mürbe, wie er selten ist; die gefüllte Keule der Flugente lag auf einem vorbildlich gewürzten Wirsinggemüse. Schließlich sorgten die Desserts für ein fabelhaftes Happy-End: Mohnparfait und Schokoladenmousse waren meisterhaft.

Was die Weinkarte verspricht, wird mühelos eingehalten.

Die 1989er Cuvée von Gesellmann in Deutschkreutz ist hier noch vorrätig und wird den größten Skeptiker davon überzeugen, daß in Österreich auch hervorragende Rotweine produziert werden.

Anmerkung der Redaktion: Inzwischen hängt ein Porträt vom Kaiser im Kaiserstüberl.

Milde Pfefferniere vom Kalb

Kalbsniere, Milch, Meersalz, weißer Pfeffer, Majoran, Butter, Schalotten, Knoblauch, Rotwein, Kalbsfond, rosa Pfeffer, Obers

Das Fett von der Niere entfernen und 24 Stunden in Milch einlegen. Niere in Scheiben schneiden, mit Meersalz, weißem Pfeffer und Majoran würzen. In Butter scharf anbraten, fein geschnittene Schalotten und wenig Knoblauch dazugeben, mit Rotwein ablöschen und mit Kalbsfond aufgießen. 4 Minuten auf kleiner Flamme ziehen lassen, rosa Pfeffer dazugeben und mit einem Schuß Obers vollenden.

Dazu Butternockerln reichen.

Warmer Krautsalat

1 Weißkrautkopf, Zucker, Butterschmalz, Kräuteressig, Tafelspitzbouillon, 1 Gewürzbouquet, Landspeck, Kräuteröl

Weißkraut vierteln, äußere Blätter und Strunk entfernen, feinnudelig schneiden. In einer Kasserolle braunen Zucker und Butterschmalz karamelisieren, mit Kräuteressig ablöschen. Nun wird das Kraut beigegeben und mit Tafelspitzbouillon aufgegossen. Mit einem Gewürzbouquet bißfest garen.

Kleinwürfelig geschnittenen Landspeck anrösten und Kräuteröl vor dem Servieren untermengen.

SCHNATTL

8. BEZIRK
LANGE GASSE 40,
TEL. 405 34 00
GEÖFFNET MONTAG BIS FREITAG
11.30 BIS 14.30 UND 18.00 BIS 23.00 UHR;
SAMSTAG 18.00 BIS 23.00 UHR;
SONN- UND FEIERTAGS GESCHLOSSEN;
RESERVIERUNG ERWÜNSCHT;
MIT GARTEN

AMBIENTE	KÜCHE
☆ ☆ ☆	☆ ☆ ☆ ☆

Im Viertel um die pittoreske Piaristenkirche scheint das Klima für Beisln besonders bekömmlich zu sein. Man findet sie an jeder Straßenecke. Allerdings nur selten mit einer so hervorragenden Küche wie im SCHNATTL. Eine schlichte, postmodern karge Gaststube, im Winter mit einem Kachelofen beheizt, im Sommer sitzen die Gäste im schattigen Innenhof. Dicke weiße Tischdecken und die feinen Gläser signalisieren Tischkultur; die kleine Speisekarte erweckt keine großen Erwartungen. Doch hat man dann die Saumeisen auf dem Teller, wundert man sich. Nicht darüber, daß sich hinter dem Namen kein obszöner Vogel verbirgt, sondern über den Wohlgeschmack der Rahmlinsen, auf denen hauchdünne Scheiben einer herzhaft gewürzten Saumeise liegen. Oder man entdeckt in den Pfefferoni-Ravioli mit Quarkfüllung eine Variante, die man auch in Italien zu finden wünschte. Die Sauerkrautsuppe ist zart und sahnig, die Kalbsmedaillons mit einem Schwarzwurzelauflauf würden auch in der Edelgastronomie als Spezialität gelten. Schließlich sind die Grießnockerln zum Rostbraten genau das, was ich immer schon auf dem Teller haben wollte und nie fand. Eine fast schwarze, stark reduzierte Senfkörnersauce zu zarten Gamsmedaillons ließ mich vergessen, daß ich in einem Beisl saß: So kochen die Großmeister ihrer Zunft!

Doch der SCHNATTL hat auch eine Schwachstelle. Das sind die Wartezeiten zwischen den Gängen: endlos! Da sitzt man mit leerem Magen, trinkt ein Glas Wein nach dem anderen. Und ehe man sich versieht, ist man betrunken. Die Folgen einer Mineralwasserorgie sind noch schlimmer. Nicht sehr große Weinkarte, aber die besseren Winzer sind vertreten, darunter ein oxydisch ausgebauter, trockener Traminer, der als Aperitif empfohlen wird. Fortgeschrittene Weintrinker werden ihn auch zu verschiedenen Speisen passend finden.

Beim Käse angelangt (drei gute österreichische Sorten) und den abschließenden feinen Desserts wird endgültig klar, daß bei Schnattl eine Handbreit über dem üblichen Beislniveau gekocht wird.

Schlichte, kultivierte Umgebung steigert die Konzentration auf edle Tellerfreuden.

SAUMEISEN MIT RAHMLINSEN

Schweineschulter und Schweinswangerl, klein geschnitten, Salz, Knoblauch, Majoran, Koriander, Kardamom, Zitronenschale und Lorbeerblätter zum Marinieren; grüner Speck, Eiswürfel, 1 Schweinsnetz

FEIN ABGESCHMECKT – UND WEIT ÜBER BEISLNIVEAU!

Für die Rahmlinsen: kleine Linsen, Gemüsefond, Speck, Schalotten, Karotten, Zeller, Petersilienwurzel, Lauch, Obers, scharfer Senf, Essig, Pfeffer aus der Mühle, Salz

Fleischwürfel mit den Gewürzen mischen und für eine Woche zugedeckt und leicht beschwert in den Kühlschrank stellen.

Das Fleisch faschieren. Aus einem Drittel ein Brät herstellen (Fleisch und gleiche Menge grünen Speck mit Eiswürfeln cuttern) und mit dem Faschierten verkneten. Die Masse in ein Schweinsnetz einwickeln, räuchern und braten.

Die Linsen waschen und in Gemüsefond einmal aufkochen – wegstellen, quellen lassen. Speck, Schalotten und in Würfel geschnittenes Gemüse anschwitzen. Linsen und Obers dazugeben, ein paar Minuten köcheln lassen; mit scharfem Senf, einem Spritzer Essig, Pfeffer aus der Mühle und Salz abschmecken.

Zum Neuen Rathaus vulgo Adam

8. Bezirk
Florianigasse 2,
Tel. 408 01 12
Montag bis Freitag 11.00 bis 24.00 Uhr;
samstags, sonn- und feiertags
geschlossen;
Reservierung erwünscht

Ambiente	Küche
☆☆	☆☆

Typischer kann es in einem Beisl nicht zugehen: Wir hatten drei Nachspeisen bestellt (gebackene Apfelspalten: gut; Mohr im Hemd: locker, aber das Lebkuchenaroma fehlte; Adams Krapfen: hervorragend), ich enthielt mich. Der Krapfen, eine Hausspezialität, war so vorzüglich, daß mein Appetit beim Probieren wiedererwachte. Ich bestellte auch für mich eine Portion. Was dann gebracht wurde, hatte keine Ähnlichkeit mit dem saftigen, lockeren und wunderbar aromatischen Feuchtpudding auf Brandteigbasis. Es war statt dessen ein trockener Kloß, dessen Inhalt, ein Zwetschkenröster, bitter und darüber hinaus das einzige feststellbare Aroma war. Was war geschehen? Die Köche waren durch die Lehrlinge ersetzt worden.

Das geschieht gegen 14 Uhr in sehr vielen Beisln. Daher rühren die Schwankungen in der Leistung, deshalb sind Empfehlungen auch Glückssache.

Den Alt-Wiener Suppentopf möchte ich trotzdem mit Nachdruck empfehlen. Er gilt als Vorspeise, sättigt aber einen hungrigen Menschen für längere Zeit, weil er so viel Kochfleisch und so viele Gemüse enthält. Auch die anderen Suppen waren ein schöner Beginn unseres Essens. In der Mitte teilte sich der Weg: Bergab ging es mit den gebratenen Blunzen, weil sie außen zu hart waren und das Erdäpfelgröstel ungewürzt; das Sauerkraut besaß jedoch die notwendige Säure, um die Fadheit der Erdäpfel zu übertönen. Ein Kalbswienerschnitzel führte dann wieder nach oben: Es hätte nicht besser sein können, und auch der Erdäpfelsalat stand nicht wie ein Pfahlbau im Wasser, sondern war nur feucht und gut abgeschmeckt. Das Saftgulasch verdiente seinen Namen; der es umgebende, rote Sumpf hätte mir aber mit mehr Schärfe besser gefallen. Die Entenesserin an unserem Tisch hatte das Pech, daß 12 Uhr schon lange vorbei war. Zu jener Zeit war die Ente wahrscheinlich frisch gebraten und noch knusprig. Nun hatte sie einfach zu lange warten müssen. Das mag sie nicht und wird weich.

Das Neue Rathaus befindet sich dort, wo die Florianigasse beginnt. Es wird auch Adam genannt. Mit einem Sozial-Beisl, jenem Lieblingstyp der Wiener Traditionalisten, hat es keine Ähnlichkeit. Es ist ein bürgerliches Gasthaus, wo zur Not eine Menge Gäste Platz findet. Stammgäste können im vorderen Raum sitzen und Karten spielen; Liebespaare verstecken sich in hinteren Ecken, wo sie leicht vergessen werden. Nicht sehr große, aber passable Weinkarte.

Ein bürgerliches Gasthaus mit Beislküche? Warum nicht!

Stomach

9. Bezirk
Seegasse 26,
Tel. 310 20 99
Geöffnet Mittwoch bis Samstag
16.00 bis 24.00 Uhr;
Sonntag und Feiertag
(falls nicht Montag oder Dienstag)
10.00 bis 22.00 Uhr;
montags und dienstags geschlossen;
Reservierung unbedingt erforderlich;
mit Garten

Ambiente	Küche
☆☆☆☆	☆☆☆

Ein Beisl wie eine Bauernwirtschaft. Schon die Fassade wirkt zwischen den stattlichen Häusern des 9. Bezirks ländlich-ärmlich, ein Eindruck, der sich innen fortsetzt. Einfacher Holzfußboden, ein kleiner Kachelofen, krumm verputzte, weißgekalkte Wände; die wenigen Lampen geizen mit

MITTEN ZWISCHEN STATTLICHEN BÜRGERHÄUSERN: EINE BAUERNWIRTSCHAFT SAMT HAUSKATER.

ihrem Licht. Der Reisende wird daran erinnert, daß nicht weit von hier die Pußta beginnt.

Doch das ist Absicht. Denn die Ärmlichkeit ist hier inszeniert. Alternativ nennt man das. Die vielen blassen Aquarelle in ihren unauffälligen Rahmen widersprechen dem bäuerlichen Eindruck ebenso wie die Riedelgläser auf den Tischen. Sogar der Hauskater streunt nicht einfach durchs Lokal, sondern verwandelt seinen Spaziergang in einen würdevollen Auftritt.

Die Speisekarte ist handgeschrieben und kurz. Immerhin enthält sie eine so komplizierte Vorspeise wie die Saibling-Mangoldterrine, und wer daraufhin vermutet, daß in der Küche dieses Beisls mit kulinarischem Ehrgeiz gekocht wird,

WER HIER SITZEN WILL, MUSS LANGE VORHER RESERVIEREN.

findet seine Vermutung spätestens beim frisch gebackenen Seezungenstrudel mit Lachsfileteinlage bestätigt, wozu ihm noch dicke Garnelen serviert werden. Wie um die Verfeinerung nicht zu übertreiben, wird ein Rostbraten mit vielen gebratenen Majoranzwiebeln angerichtet, der in einer etwas penetrant süßen Madeirasauce liegt. Dafür sind die Salate erfreulich abgeschmeckt, und mindestens einen Leckerbissen von großer Köstlichkeit hat die Küche im Repertoire, von dem auch zurückhaltende Esser nichts auf dem Teller liegen lassen werden: Kartoffelnockerln in Pilzobers mit frischem Majoran & Parmesan. Da begreift man schon beim ersten Bissen, warum der Stomach auf Tage hinaus ausgebucht ist. In diese Güteklasse gehören auch die Marillen-Walnuß-Buchteln mit der Maronimousse sowie die Apfeltopfennockerln, wenn auch beide Mehlspeisen mit Kirsch- beziehungsweise Erdbeersaucen ein bißchen überfrachtet sind.

Die Weinkarte konzentriert sich auf steirische Weine wie Grüner Silvaner, Morillon und einige in Barrique ausgebaute Cuvées. Doch auch für Alternativ-Trinker ist gesorgt: Heiße Milch mit Honig ist nicht gerade typisch für ein Beisl; aber in diesem Fall dürfte sich wohl der Kater durchgesetzt haben.

Zur Goldenen Kugel

9. Bezirk

Lazarettgasse 6,

Tel. 405 83 63

Geöffnet Montag, Donnerstag, Freitag:

9.00 bis 15.00 und 18.00 bis 23.00 Uhr;

Samstag und Sonntag

10.00 bis 15.00 und 18.00 bis 23.00 Uhr;

dienstags und mittwochs geschlossen;

Reservierung erwünscht

Ambiente	Küche
☆☆☆	☆☆☆

Die Lazarettgasse heißt Lazarettgasse, weil dort, nur wenige Meter von der Goldenen Kugel entfernt, ein Krankenhaus steht. Das wiederum versorgt die Goldene Kugel zur Mittagszeit mit vielen Ärzten, so daß der Nichtmediziner, vor allem, wenn er wie ich einen Marathon von fünfzig Beisln hinter sich hat, der Auseinandersetzung zwischen seinem Magen und dem Erdäpfelschmarrn beruhigt entgegensehen kann. Da ist der kräftige Chirurg im weißen Kittel, der über der Rindsuppe per Handy vermutlich seinem Team im OP Anweisungen gibt, wie zu schneiden und zu nähen sei. Sicherlich sitzt am Nebentisch ein Internist, der mir, wenn es sein muß, im Handumdrehen den Magen auspumpt. Beim Schwindelanfall angesichts der Bröselberge, fünfzigmal mit Mühe überstanden, würde der Anästhesist mir hilfreich zur Seite stehen. Also ein todsicherer Tip, dieses Beisl. Das ist es auch ohne medizinischen Beistand. Denn hier wird manierlich gekocht. Nichts läßt die Galle zittern oder die Leber schrumpfen. Der Linsenteller mit Kaiserfleisch ist gleichermaßen weich (das Fleisch) und herrlich gewürzt (die Linsen). Das Gulasch mit der Kümmelnote habe ich selten besser gegessen. Das Wurzelhuhn erweist sich als leichte Variante des Wurzelfleisches, wobei die Schärfe des Krens und das Aroma der Wurzelstreifen von hoher Abschmeckkunst des Kochs zeugen. Nicht weniger erfreulich das saftige und auf den Punkt gegarte Hieferschwanzel sowie der Erdäpfelschmarrn ohne die Symptome des Zimmerbrands. Ein Kohlgemüse als zusätzliche Beilage wird der Chefarzt wohl nur nach der Visite bestellen; mich behindert das fulminante Knoblaucharoma nicht im geringsten.

Also rundherum Erfreuliches zu melden aus der Lazarettgasse. Daß das Weinangebot nicht überwältigend ist, begrüße ich im Namen der Patienten auf der Intensivstation ausdrücklich. Und da auch die Rechnung den Blutdruck nicht in die Höhe treibt, ist ein Essen in der Goldenen Kugel schon die halbe Therapie.

Kommt hinzu, daß der erste Raum des Beisls mit seiner schönen Theke, an der man auch sitzen kann (nicht Hocker, sondern Bank), zu den gemütlichsten seiner Art gehört, und die den Betrieb führende Familie von wohltuender Höflichkeit ist.

Gemütlich, freundlich, einladend – hier ist der Gast noch König.

WICKERL

9. BEZIRK

PORZELLANGASSE 24,

TEL. 317 74 89

GEÖFFNET MONTAG BIS FREITAG

11.00 BIS 23.00 UHR;

SAMSTAGS, SONN- UND FEIERTAGS

GESCHLOSSEN

AMBIENTE	KÜCHE
☆	☆ ☆

Auf den ersten Blick unterscheidet sich dieses Beisl in der Porzellangasse (die keine Gasse, sondern eine breite Straße ist) nicht von einer Vorstadtkneipe in Wanne-Eickel. Schon vor dem Eintritt hat man die Kreideschrift »Chili con carne mit Spiegelei« auf einer schwarzen Tafel befremdet registriert und sie für ein modernes Menetekel gehalten. Innen wird zur Gewißheit, daß man sich verirrt hat. Hier – das fühlt der Feinschmecker instinktiv – kann kulinarischer Genuß nicht gedeihen.

OB ZEITUNGSLESER, ESSER, HUNDE – PLATZ IST FÜR JEDEN.

Eine Schwemme vor und neben der Theke, mit Tischen aus rohem Holz und allen Attributen der Gewöhnlichkeit. Irgendwie ist alles alt und authentisch; aber wie so oft zeigt sich, daß das

alleine nicht genügt. Die Details sind schäbig; Charme entdeckt hier wohl nur der Sozialromantiker. Im fensterlosen Hinterstübchen ist alles noch schlimmer. Dort sitzen die wirklichen Esser, die sich Zeit nehmen und, nicht wenige Tag für Tag, ihr Mittag- oder Abendessen einnehmen in der festen Überzeugung, eine vergleichbare Qualität nur selten zu finden. Dafür nehmen sie eine funzelige Beleuchtung in Kauf, gräßliche bunte Tischdecken und die Nachbarschaft von Hunden, Kettenrauchern und Maggiflaschen. Letztere stehen zusammen mit den üblichen und üblicherweise auch notwendigen Salz- und Pfefferstreuern auf den Tischen. Obwohl auf der Speisekarte behauptet wird, hier handle es sich um ein Gourmet-Beisl, schwindet angesichts der ausgestellten, auf Sportfesten errungenen Siegerpokale das letzte bißchen Hoffnung auf ein glückliches Ende des Abenteuers namens Wickerl.

Die Speisekarte ist kurz. Neben dem Chili con carne verzeichnet sie noch eine mexikanische Bohnensuppe, Langustinos und vertraute Dinge aus der tschechisch-österreichischen Traditionsküche. Die exotische Bohnensuppe hat mir ausgezeichnet geschmeckt. Das Chili con carne habe ich nicht probieren wollen, dafür gefiel mir aber ein Erdäpfel-Vogerl-Salat mit fünf gebratenen Lammkoteletten über die Maßen gut. Auch eine Sauerkrautsuppe mit Paprika und Rahm war von der erfreulichen Sorte. Weniger gelacht habe ich bei den gebratenen Schweinsnieren, weil sie, wie immer, penetrant und trocken waren, sowie bei der gebratenen Entenbrust. Diese war zwar in feine Scheiben geschnitten wie im Gourmet-Restaurant üblich, hatte aber, ebenso wie die dazu servierten Mohnnockerln, so gut wie keinen Geschmack. Das darf beim Wickerl jedoch als Ausnahme gelten. Denn die bedrohliche Anwesenheit der Salz-Pfeffer-und-Maggi-Menage verliert angesichts der durchgehend gut gewürzten Speisen ihren Schrecken.

Den verbreitet dann wieder der böhmische Nachspeisenteller durch seine schiere Größe. Was einem da vorgesetzt wird, ist deftig und kein Kunstwerk. Aber wer das aufißt, wird von Dr. Gierschlund als Ehrenmitglied im Club der Verfressenen aufgenommen.

Das Angebot an Weinen ist nicht der Rede wert. Aber besser als in Wanne-Eickel ist es allemal.

MEIXNER'S

10. BEZIRK

BUCHENGASSE 64,

TEL. 604 27 10

GEÖFFNET MONTAG

18.00 BIS 23.00 UHR;

DIENSTAG BIS FREITAG

11.00 BIS 14.30 UHR UND

18.00 BIS 23.00 UHR

SAMSTAGS, SONN- UND FEIERTAGS

GESCHLOSSEN;

RESERVIERUNG ERWÜNSCHT;

MIT GARTEN

AMBIENTE	KÜCHE
☆☆	☆☆☆☆

Wer an der Endstation der U 1, dem Reumannplatz (15 Minuten von Stadtmitte), aussteigt und die nähere Umgebung der Bahnstation inspiziert, wird wenig Hoffnung auf eine kulinarische Begegnung der Extraklasse haben. Doch nichts anderes steht ihm bevor, wenn er in MEIXNER'S Gastwirtschaft einen Tisch reserviert hat. Ohne Reservierung hat er nur außerhalb der normalen Eßzeiten eine Chance (das Beisl ist durchgehend geöffnet). Der Andrang der Gäste ist verständlich. Hier wird – von Frau Meixner! – die Wiener Beislküche in einer Perfektion vorgeführt, daß viele Wirte der Innenstadt ihren Koch zum Lernen hierhin in den 10. Bezirk schicken müßten. Ihr gelingt schlichtweg alles! Das warm marinierte Lammzüngerl mit Wurzeln ist von ungewöhnlicher Leichtigkeit und Delikatesse; der Blattsalat mit Erdäpfel und Speckkrusteln ist es nicht minder. Sogar eine so banale Sache wie eine Zucchinicremesuppe mit Mandelsplittern wird zu einem starken Argument gegen Fertigsuppen. Dann aber das Lammbeuscherl! Oder das Kalbswienerschnitzel! Oder die Medaillons vom Kärntner Almlamm! Das unvergeßliche geröstete Kalbshirn mit Ei! Was immer wir probierten, war Anlaß zum Staunen und zum Augenverdrehen, bis hin zur Qualität der Erdäpfel, bis zum Serviettenknödel. Da spielt es letzten Endes keine Rolle, daß ein ziemlich belangloser steirischer Schafskäse unter einem Haufen roher Zwiebelringe serviert wird. Die Biertrinker wollen ja auch zu ihrem Recht kommen. Die Weintrinker – so sie die rohen Zwiebeln unbeschadet überstehen – sind hier im Paradies. Hier kann man sich einen kompletten Überblick über Österreichs beste Winzer verschaffen und zusätzlich Raritäten finden, nach denen die meisten Nobel-Restaurants der Stadt vergeblich suchen. Selbstverständlich werden die Weine in Riedelgläsern ausgeschenkt, und ebenso selbstverständlich ist die Beratung durch die Kellner oder den jungen Herrn Meixner erstklassig. Die Desserts sind – wen wundert's? – ein hinreißendes Finale, eine verführerische Demonstration von Leichtigkeit und Geschmackssicherheit. So etwas wie ihre Lebkuchenmousse mit Dattel-Dörrpflaumen-Salat sollte sich Frau Meixner patentieren lassen.

Das Lokal hat wenig vom typischen Beisl-Ambiente mit der inszenierten Schäbigkeit. Hier manifestiert sich bürgerlicher Geschmack in Ornament und Dekoration; flippigflapsige Installationen sucht man beim Meixner vergebens.

Jeden Umweg wert: eine kulinarische Begegnung der Extraklasse im 10. Bezirk.

BEUSCHERL VOM KÄRNTNER ALMLAMM

für 4 Portionen

2 Lammherzen, 2 Lammbeuscherl, Wurzelwerk, 2 Zwiebeln, 2 Lorbeerblätter, Thymian, 8 Pfefferkörner, Salz, Schmalz, 80 g Mehl, Weißwein, Majoran, 1 EL Estragonsenf, 2 Essiggurkerl, 10 Kapern, etwas Obers, gehackte Petersilie

Beuscherl und Herz waschen und mit kaltem Wasser zustellen, Wurzelwerk, 1 halbierte, braungeröstete Zwiebel, Thymian, Lorbeerblätter und Pfefferkörner zufügen, salzen und zugedeckt ca. 1 1/2 Stunden langsam kochen. Gurkerl, Kapern und Zwiebel klein hacken. Beuscherl und Herz von Knorpeln befreien und in dünne Scheiben schneiden. Fett erhitzen, Mehl braun anschwitzen, das Beuscherlkräutel (Gurke, Kapern und Zwiebel) zugeben und anrösten, dann mit Beuscherlfond und einem Schuß trockenen Weißwein aufgießen. Aufkochen lassen, Beuscherl und Herz zufügen und nochmals langsam aufkochen. Abschmecken und vor dem Servieren mit wenig Obers und gehackter Petersilie aufrühren.

Beilage: Serviettenknödel oder Semmelknödel.

Blattsalat mit Erdäpfel und Speckkrusteln

in steierischer Kürbiskernmarinade

für 1 Portion

40 g Blattsalate (Vogerl, Bummerl, Lollo Rosso, Eichblatt und Frisee), 4 gekochte warme Erdäpfel, 10 g geräucherter Bauchspeck, Kürbiskernöl, Apfelbalsamico, 1 TL Honig, 2 Zehen Knoblauch, Salz

Blattsalate und die in Scheiben geschnittenen warmen Erdäpfel in der Marinade aus Kernöl, Apfelbalsamico, Honig und Knoblauch gut durchmischen, mit Salz abschmecken. Den in kleine Streifen geschnittenen Speck gut anrösten und über den Salat verteilen. Mit Schnittlauch bestreuen und mit würzigem Bauernbrot servieren.

Hietzinger Bräu

13. Bezirk
Auhofstrasse 1,
Tel. 877 70 87
Geöffnet Montag bis Sonntag
11.30 bis 14.30 und 18.00 bis 22.30 Uhr;
feiertags geöffnet;
Reservierung notwendig;
mit Garten

Ambiente	Küche
☆☆	☆☆☆☆

Wer die enthusiastischen Schilderungen des gekochten Rindfleisches von meinen verehrten Vorgängern Ludwig Bemelmanns und Joseph Wechsberg kennt, wer ungläubig die endlosen Aufzählungen gelesen und eigentlich nicht geglaubt hatte, daß es das alles heute noch gibt, wird, so er sich auf Wiens Innenstadt beschränkt, in seiner Skepsis bestätigt. Aber hier draußen, in Hietzing, existiert das alles noch!

Vielleicht gab es in der Kaiserzeit noch weitere Variationen; wer weiß das schon. Für den Fremden fällt das eh alles unter einen Sammelbegriff: Tafelspitz.

Um die Unterschiede kennenzulernen, muß er einen Ausflug machen. Nach Schönbrunn, das steht sowieso auf dem Programm. Und nur zwei

Nahe dem Schloss Schönbrunn beginnt das Tafelspitz-Wunder von Wien!

Straßenbahnhaltestellen weiter, hinter einer eleganten Jugendstilfassade verborgen, das Hietzinger Bräu. Aus den Gaststuben hat die leidige Modernisierung ein gutbürgerliches Ausflugslokal gemacht, das sich von ähnlichen Etablissements in Tirol, Hessen und Berlin nicht unterscheidet – mit einer Einschränkung: Es handelt sich um einen Wallfahrtsort für alle, die dem gesottenen Rindfleisch verfallen sind.

Vielleicht probieren Sie, wie ich, zunächst den heißen Zwetschkenschnaps, der süß ist, aber dennoch für Kinder nicht geeignet. Sonst wird hier überwiegend Bier getrunken; zum gekochten Fleisch sicherlich keine schlechte Wahl. Doch auch für die Weinbeißer ist gesorgt: Die Karte ist hervorragend bestückt.

Unter den Vorspeisen entdeckt man Heringsfilet und Gänseleber im Töpfchen. Das ist die Normalität und kein Anlaß zu einem Kommentar. Doch dann kommt das Fleisch. Allein schon die Brühe, in der es serviert wird (man löffelt

Gutbürgerlicher Rahmen für ungeahnte Höhepunkte der Wiener Küche.

zunächst eine Tasse), hat lebensrettende Funktionen. So klar, so aromatisch, gehört sie zu den unter Denkmalschutz stehenden Wundern Österreichs. Das Fleisch wiederum schägt alle Lämmer und Enten aus dem Feld. Vom Tafelspitz bis zum

Hüferschwanzl (mein Liebling) besitzt es eine unglaubliche Zartheit, ist saftig, mürbe, aromatisch und überhaupt von einer Qualität, wie ich sie in der eigenen Küche noch nie erlebt habe und wohl auch nie erleben werde. Denn dazu gehört eine jahrzehntelange Praxis des Rindfleischkochens.

Das Erdäpfelgröstel ist wie immer nur etwas für Ausgehungerte. Aber die Desserts muß man probieren! Die Topfenknödel könnten nicht besser sein, und eine als »Mohr im Hemd« bezeichnete Leckerei gibt sich als ein Vorfahre von Witzigmanns köstlichem Lebkuchensoufflé zu erkennen.

Wieder ein Wiener Wunder! Bürgerlich und ohne sichtbaren Anspruch auf das Besondere, Exquisite, bietet ein normales Gasthaus kulinarische Höhepunkte, die woanders nur unter dem Trommelwirbel der jubelnden Gastronomie-Lobby angeboten würden.

Fledermaus mit Krensauce überbacken

für 4 Portionen

Etwa 1 kg »Fledermaus« (das saftige Stück im Schlußknochen), 1 Suppengrün, ½ gebräunte Zwiebel samt der Schale, etwas Lauch, 5 Pfefferkörner, Salz, 20 g Butter, 20 g glattes Mehl, 2 dl heiße Milch, 1 Eidotter, 2 EL gerissenen Kren, ca. 2 ½ l Wasser, etwas Butter zum Ausstreichen der Backform

Wasser zum Sieden bringen, gewaschene Fledermaus-Stücke einlegen, Pfefferkörner beigeben, zartwallend kochen. Nach etwa einer Stunde Lauch, Zwiebel, Suppengrün und Salz beigeben. Das weichgekochte Fleisch aus der Suppe heben.

Butter schmelzen, Mehl darin anschwitzen, mit Milch aufgießen, mit der Schneerute zu einer sämigen Sauce verrühren, einige Minuten durchkochen lassen. Dotter und Kren zügig einrühren, würzen.

Das Fleisch in eine feuerfeste Backform legen, mit Krensauce überziehen, rasch bei extremer Oberhitze braun überbacken. In gefällige Stücke schneiden. – Mit Bouillonerdäpfel servieren.

GEKOCHTES SCHULTERSCHERZEL

für 4 Portionen

1 kg Schulterscherzel, 150 g Wurzelwerk, eine Zwiebel in der Schale, etwas Lauch, einige Pfefferkörner, Salz, etwas Liebstöckel, ca. 2 ½ l Wasser, ½ kg Rindsknochen, Meersalz aus der Mühle, 2 EL Schnittlauch (geschnitten)

Zwiebel halbieren, in einer Pfanne an der Schnittfläche sehr dunkel, fast schwarz braten. Wurzelwerk waschen, schälen. Fleisch und Knochen warm waschen. Wasser zum Kochen bringen, Fleisch, Knochen, Zwiebel und Pfefferkörner in das Wasser geben, schwach wallend kochen. ½ Stunde vor Ende der Garzeit Wurzelwerk, Lauch, Liebstöckel beigeben, Schaum ständig abschöpfen. Fertig gegartes Fleisch aus der Suppe heben. Suppe würzen, durch ein feines Sieb seihen. Fleisch in fingerdicke Tranchen schneiden (gegen den Faserlauf), mit Suppe begießen. Mit Meersalz und Schnittlauch bestreuen. Empfehlenswert ist auch, Rindermarkscheiben kurz in heißer Suppe zu pochieren und mit Salz und Pfeffer gewürzt auf (oder mit) gebähtem Schwarzbrot als Beilage zu reichen.

Gardauer: 2–2 ½ Stunden

TOPFENKNÖDEL

für 24 Stück

700 g Topfen (möglichst trocken, 10%), 200 g entrindetes und fein geriebenes Toastbrot, 2 Eidotter, 3 ganze Eier, 50 g Butter, 3 EL Staubzucker, Salz, Zitronenschale

Für Butterbrösel: 180 g Butter, 150 g Semmelbrösel, Staubzucker

Topfen mit allen Zutaten gut verrühren, 2 Stunden kühl rasten lassen. Kleine Knödel formen und in leicht gesalzenem Wasser schwach wallend kochen. Butter schmelzen, Brösel darin leicht bräunen und Knödel darin vorsichtig wälzen. Beim Anrichten mit Staubzucker überziehen.

Schlusche

13. Bezirk
Speisinger Strasse 2,
Tel. 804 53 94
Geöffnet Mittwoch bis Sonntag
9.00 bis 22.00 Uhr;
Feiertage (ausser Montag, Dienstag)
geöffnet;
montags und dienstags geschlossen;
Reservierung erforderlich;
mit Garten

Ambiente	Küche
☆☆	☆☆

Bei der Erwähnung dieser Adresse leuchten die Augen des echten Wiener k.u.k. Beisl-Aficionados auf. Nicht, weil es vom Schloß Schönbrunn nur eine U-Bahn- und danach nur noch fünf oder sechs Straßenbahnstationen sind bis zu diesem Ausflugslokal an den Gleisen der Vorortebahn. Sondern weil sie alle schon einmal an einem warmen Sonntagabend im Garten des Beisls unter dem Blätterdach der Bäume gesessen haben mit dem Gefühl: gemütlicher geht's nimmer. Drinnen ist es auch gemütlich, wenn auch nur im ersten Raum mit den zwei schönen alten Öfen, der patinierten Holztäfelung, wo die neuen Platten der alten Tische mit geblümten Tischdecken gnädig verhüllt sind, und die alten Gäste ihren Stammplatz haben. Daran anschließend ein länglicher, banaler Raum wie in vielen Ausflugslokalen, der in eine Veranda mit Blick auf den Garten mündet. Wenn es so was wie eine Mode der Beisl-Dekoration je gegeben hat, bis in die Speisinger Straße ist sie nicht vorgedrungen. Diese Mischung aus Familienpension und Ausflugslokal ist zeitlos und nicht einmal typisch wienerisch. Typisch ist lediglich die bedingungslose Anhänglichkeit der Stammgäste, die hier wahrscheinlich schon vor dreißig Jahren die Küche der Frau Schlusche genossen haben.

An einem warmen Sommerabend im Garten zu sitzen – eine Labsal fürs Gemüt.

Die Attraktion bei Jung und Alt: ein Fensterplatz mit Blick auf die vorbeifahrenden Züge.

Die ist genausowenig spektakulär wie das Ambiente. Zwei Suppen, ein nicht mehr ganz saftiges Omelett, Schinken und Käse als Vorspeisen, Saft-

Reserviert

gulasch als Hauptgericht oder eine Krautroulade, bei der das Kraut nur ein Häutchen war, die Füllung aus Schweinehack aber gut gewürzt; oder ein in Schmalz gebackenes Schweinekotelett, das beim ersten Biß alle Erinnerungen an die arme, aber glückliche Kindheit wachruft. Bemerkenswert bei allen Gerichten und Beilagen ist die Tatsache, daß sie auf kleinen Tellern serviert werden und diese nicht einmal ausfüllen. Das registriert der normal-europäische Magen mit Erleichterung. Nur bei den Mehlspeisen wird's wieder mächtig, da sind die beiden Topfenknödel groß wie Tennisbälle, und eine zu süße, hausgemachte Nuß-und-Schokoladentorte füllt den letzten Hohlraum aus, den man dem Gulasch verwehrt hatte.

Ein kostenloses Amüsement für die Stammgäste sind die in regelmäßigen Abständen vor den Fenstern verkehrenden Züge. Wer das schon als Kind beim SCHLUSCHE erlebt hat, freut sich immer wieder darüber.

LUNZER

15. BEZIRK
SECHSHAUSER STRASSE 30,
TEL. 893 68 04
GEÖFFNET MITTWOCH BIS SAMSTAG
9.00 BIS 24.00 UHR;
SONNTAG 9.00 BIS 21.00 UHR;
MONTAGS UND DIENSTAGS GESCHLOSSEN

AMBIENTE	KÜCHE
☆	☆ ☆ ☆

So ungefähr muß man sich eine Wattenscheider Eckkneipe vorstellen: profillos, verkitscht und ohne jeden Charme. Wer hier eintritt und nicht auf der Stelle kehrtmacht, der ist ein hartgesottener Beislgast. So findet man beim LUNZER denn auch nur zwei Sorten von Klienten. Einmal die Rentner aus den umliegenden Gassen, denen es egal ist, in welchem Ambiente sie ihr sehr preiswertes Mittagessen verdrücken, dessen stattliche Reste sie in Alufolie einpacken, die ihnen Herr Lunzer selbstverständlich zur Verfügung stellt. Und die anderen, die wissen, daß hier über das ganze Jahr Gänsebraten auf der Karte steht. Und zwar Gänsebraten, wie man ihn immer essen wollte und nie bekommen hat. Jedenfalls habe ich noch keine Gans gegessen, die so saftig und so wunderbar gewürzt war wie die beim LUNZER. Die Leber des großen Vogels, mit gebratenen Apfelscheiben auf Toast serviert, hatte ebenfalls einen schönen Geschmack; der Toast war matschig. Kein Wunder, daß eine Ganslsuppe auf der Karte steht, ebenfalls gut abgeschmeckt, mit Karotten aus der Dose. Die Speisekarte ist überraschend groß. Alle Schnitzelversionen werden angeboten und sogar mehrere Fische. Dorschfilet gab es nicht nur gebacken, sondern auch »natur«, also gemehlt und in der Pfanne gebraten. Und siehe da, es war nicht trocken und schmeckte gut. Es hieß »auf serbische Art«, weil es mit einer kräftigen Knoblauchbutter verziert war. Tadelloser Erdäpfelsalat versöhnte mit den nicht sonderlich gelungenen Gemüsen.

Die Mehlspeisen wiederum ein herrlicher Abschluß. War schon die Gans von nicht alltäglicher

Qualität, so hat der Riesengermknödel das Zeug, ins Guinness Book of Records aufgenommen zu werden. Er macht seinem Namen Ehre und war zusätzlich so lecker, daß ich ihn mitsamt seiner Zucker-Butter-Mohnsauce der Gans hinterhergeschickt habe.

Eine leicht süße Ruländer Spätlese dazu und hinterher ein Bauernschnaps, und Wattenscheid versinkt am Horizont. Jemand müßte dem Beisl mal neue Lampen spendieren, denkt man, dann wäre das schlimmste weg. Schließlich sind die Bänke an den Wänden ein ebenso authentisches

Girlanden für einen Traum von Gänsebraten. Er hat's verdient!

Detail wie der ungepflegte Parkettboden. Und irgendwie zeigt sogar die kleine Weinauswahl mit Gewächsen vom Neusiedler See, daß hier jemand das Sagen hat, dessen Empfehlungen man gern befolgt. Also bestellte ich noch eine Nußpalatschinke mit Schokoladensauce und Obers. Und noch einen Schnaps.

Vikerl's Lokal

15. Bezirk
Würffelgasse 4,
Tel. 894 34 30
Geöffnet Dienstag
18.00 bis 23.00 Uhr;
Mittwoch bis Samstag
11.30 bis 14.30 und 18.00 bis 23.00 Uhr;
Sonn- und Feiertag 11.30 bis 15.00 Uhr;
montags geschlossen;
Reservierung erwünscht

Ambiente	Küche
☆☆☆	☆☆☆

Hinter dem Europaplatz am Westbahnhof, wo die Mariahilfer Straße, diese Langstreckenpiste der Wiener Marathonkonsumenten, ihren Glanz verliert, erwartet den Beislfreund eine Überraschung. Die Würffelgasse sieht nicht aus, als könne sie eine kulinarische Attraktion irgendwelcher Art enthalten.

DAS GEPFLEGTE INTERIEUR VERRÄT'S: EIN EDELBEISL VON FORMAT!

Doch VIKERL'S LOKAL bietet genau das und noch mehr: eine erfreuliche Küche und ein gepflegtes, bürgerliches Ambiente.

Puristische Beisl-Aficionados vermissen hier wahrscheinlich das soziale Gemenge und jene gewisse Schäbigkeit, die in ihren Augen einem Beisl erst zur richtigen Patina verhilft. Tatsächlich ist alles so proper und gepflegt, daß es Romantiker beunruhigen kann. Feinschmecker hingegen sind angesichts des gepflegten Interieurs, der feinen Weingläser auf den sorgfältig eingedeckten Tischen und der allgemeinen Ordnung eher beruhigt. Der Holzfußboden ist frisch gewachst, die Täfelungen tadellos instand gehalten. Die Speisekarte läßt endgültig die wilde Hoffnung erwachen, es könnte VIKERL'S LOKAL ein Edelbeisl sein.

Das ist es.

Der Schritt vom Beisl zum Restaurant ist zwar von der klugen Chefin nicht getan worden. Aber was der Küchenchef Bittermann den Gästen vorsetzt, fände auch in der Welt der gehobenen

Gastronomie Beifall. Er hat beides im Repertoire: die Erdäpfelcremesuppe mit Pilzen und die gebratene Gänsestopfleber auf Apfelscheiben; die Kutteln mit Paradeiser und Knoblauch sowie die Lachsscheibe mit Blattspinat auf rahmigen Nudeln. Ob eine scheinbar anspruchslose Suppe oder ein Gemsenrücken mit Morchelrahmsauce, alles wird mit der gleichen Sorgfalt in eine Delikatesse verwandelt. Das marinierte warme Rindfleisch habe ich zum letzten Mal in gleicher Perfektion in einem Drei-Sterne-Restaurant gegessen, und dort war es kalt. An eine zartere, delikatere Kalbszunge als hier im Vikerl's kann ich

Applaus für einen Küchenchef, der beides kann, die schlichte und die feine Küche.

mich nicht erinnern. Flugentenbrust mit Rotkraut und Grammeltascherl: perfekt; Desserts: einmalig.

So viel Glück gibt es nicht, sagt mir die Erfahrung. Tatsächlich war die Fleischstrudelsuppe eine Spur zu salzig, die gebackenen Hirselaibchen dagegen hätten ein wenig mehr Salz vertragen können. Nicht der Rede wert, wenn alles andere so hervorragend ist. Doch ich ging noch einmal hin. Wieder schien alles auf die höchste Punktezahl hinauszulaufen. Dann aber schmeckte der Blunzenstrudel ranzig, und ein Kalbsmedaillon war frostgeschädigt, nämlich trotz perfekten Aussehens trocken und hart. Auf der Weinkarte entdeckte ich die besseren von Österreichs weniger bekannten Winzern. Sehr zu empfehlen sind die Weine der Ilse Mazza (Weißenkirchen in der Wachau), und, für Fortgeschrittene, der wie ein Vin jaune sherryähnlich ausgebaute Weißburgunder vom Weingut Taubenschuß.

ERDÄPFELCREMESUPPE MIT PILZEN

für 4 Portionen

200 g Erdäpfel (geschält), 50 g Speck,
50 g Zwiebel, 80 g Zeller und Karotten (geputzt),
20 g Mehl, 10 g Steinpilze, 4 EL Öl,
1 ¼ l Rindsuppe, 2 EL Sauerrahm, Salz, Pfeffer,
Knoblauch, Essig, Majoran

Erdäpfel, Zwiebel, Speck, Karotten, Zeller in Würfel schneiden. Fett erhitzen, Speck anrösten; Zwiebel, Karotten, Zeller beigeben, Mehl unterrühren. Majoran, Knoblauch dazugeben, mit den Steinpilzen etwa 10 Minuten kochen lassen. Jetzt die Erdäpfel beigeben und kochen, bis sie kernig weich sind. Mit Sauerrahm glattrühren, mit Salz, Pfeffer und Essig abschmecken. Suppe pürieren und mit Obers aufmontieren.

Flugentenbrust mit Rotkraut

für 2 Portionen

2 Flugentenbrustfiletstücke, Balsamico, Olivenöl, Bouillon blanc, Salz, Pfeffer, Butter

Für das Rotkraut: 600 g Rotkraut, 1 EL Preiselbeeren, 150 g Äpfel (geschält), 2 dl Rotwein, 3 EL Öl, 80 g Zwiebel (fein geschnitten), 20 g Kristallzucker, Orangen- und Zitronensaft zum Marinieren, Salz

2 Flugentenbrustfiletstücke mit Balsamico und Olivenöl marinieren, 6 Stunden ruhen lassen, herausnehmen, ziselieren. Mit der Hautseite nach unten in der Pfanne anbraten. Im Backrohr bei 200° C braten, nach 20 Minuten noch 5 Minuten bei 100° C im Wärmeschrank rasten lassen. Bratenrückstand mit Bouillon blanc auffüllen, Salz, Pfeffer, Balsamico dazu, mit Butter aufmontieren und am Teller anrichten.

Rotkraut fein hobeln, in Zitronen- und Orangensaft marinieren, Zwiebel anschwitzen, Rotkraut dazu, mit Rotwein ablöschen, würzen, kernig dünsten. Dazu werden Grammeltascherl serviert.

Grammeltascherl

170 g geschälte mehlige Erdäpfel, 100 g Butter, 170 g Mehl, 2 Eidotter, Salz, Muskat

Für die Fülle: ca. 100 g Grammeln, Butter, Salz, Pfeffer, Kümmel, Knoblauch, feingehackte Petersilie

Erdäpfel kochen, im Rohr ausdämpfen, pressen. Mit Mehl, Salz, Butter, Eidotter und Muskat rasch zusammenkneten, 20 Minuten rasten lassen.

Für die Fülle Grammeln in Butter anrösten, würzen und zu kleinen Knödeln formen.

Den Erdäpfelteig 3–4 mm dick ausrollen, kreisrund ausstechen; die Hälfte der Teigblätter mit Ei bestreichen und kleine Grammelkugeln draufsetzen – je ein Deckblatt auflegen und festdrücken. Bei 160° C goldgelb backen.

Blunzenstricker

16. Bezirk
Ottakringer Strasse 71,
Tel. 485 78 49
Geöffnet Montag bis Samstag
11.00 bis 2.00 Uhr;
sonn- und feiertags geschlossen

Ambiente	Küche
☆☆☆☆	☆

Das schönste Beisl mit der schlechtesten Küche. Eine zwölf Meter lange Theke von New Yorker Zuschnitt und tennisballgroße Knödel vom Typ Stein-im-Magen. Eine Szenetreff der jungen Leute in Jeans und Speak-Easy der Paffer und Nikotiner. Hier allerdings verschwinden die

Wer eine Stammkneipe sucht, geht nirgendwo anders mehr hin ...

Leiden der Passivraucher hinter dem Martyrium der Aktivesser.

Hat man je derartige Portionen gesehen? Hat man je geglaubt, ein Mensch allein könnte sie bewältigen? Die Suppen sind noch harmlos. Sie wiegen den Ahnungslosen in trügerischer Sicherheit und wärmen den Magen der Schluckathleten an. Kaum aber hat man den Löffel niedergelegt und horcht dem Knoblauch in der Suppe nach – dann kommt's. Die schwer arbeitende Bedienung lädt die Teller ab wie Bomben, die den Feind vernichten sollen. Randvolle und hochbeladene Teller mit kiloschwerem Ballast, furchterregende

Haufen ungenügend erwärmter Knödel, knöcheltief umflossen von morastigen Saucen; lauwarme Spinatstrudel aus zusammengeklebtem Teig, bei deren Anblick die Galle wimmert; Palatschinken aus der Mammutzeit, für den Hunger von Steinzeitmenschen. Aber wie stimmungsvoll sind die

... denn so viel Kitsch & Kuriositäten sind einfach liebenswert!

vier Wände dekoriert, zwischen denen sich dieser Gastrozid abspielt! Mehrere Trödelläden müssen ihren Bestand an alten Postkarten, viktorianischen Pornobildchen und Hochzeitsfotos der Urgroßmutterzeit hier losgeworden sein. Dazu Illustrierte aus den zwanziger Jahren, ebenso alte Schellacks, Dokumente und Kuriosa aus den Ateliers der Blitzlichtkünstler. All das ist auf und oberhalb der mannshohen Täfelung an die Wände genagelt und geklebt, die Zimmerdecken sind mit Zeitungen tapeziert, und da oben kleben auch ein Dutzend Zimmertüren.

O ja, die Dekorateure haben sich Mühe gemacht! Auch die Lampen stammen vom Trödel. Ein altes Faß hängt an der Kette, ein stummes Klavier wartet auf Fats Waller, der es wachküßt.

Glücklicherweise kommt man in den Genuß dieser bunten und lärmenden Bude, auch ohne sich von der Küche niedermachen zu lassen. Ein Bier oder zwei, vielleicht die Erdäpfelsuppe, und man bedauert, nicht mehr so jung zu sein wie die meisten Gäste. Dann könnte man den BLUNZENSTRICKER zu seiner definitiven Stammkneipe erklären und hätte eine wirksame Fernsehentziehungskur gefunden.

Zum Herkner

17. Bezirk
Dornbacher Strasse 123,
Tel. 485 43 86
Geöffnet Montag bis Freitag
9.00 bis 22.00 Uhr;
samstags, sonn- und feiertags
geschlossen;
Reservierung erwünscht;
mit Garten

Ambiente	Küche
☆☆☆	☆☆

Ein bescheidenes Gasthaus, erzbürgerlich wie ein Vorkriegs-Fahrrad. Es liegt weit draußen, wo die Wiener Rebberge beginnen. Die lange Fahrt schreckt Wiens feine Gesellschaft nicht ab, auch nicht die spartanischen Toiletten und die Gläser, welche nicht von der gewohnten feinen Qualität sind. Die drei kleinen, ineinander übergehenden

Zum Herkner geht man immer gern.

Stuben sind mittags und abends besetzt. Wenn es nun die überdurchschnittliche Küche wäre, ein besonders gelungenes Beuscherl, superzarter Tafelspitz oder eine exquisite Weinauswahl, welche die Menschen im eleganten Kaschmir, mit Rassehunden und Klatschspalten-Renommee anlocken, der Erfolg wäre erklärbar. Aber so einfach sind die Dinge nicht in Wien. Mein Kaiserschmarren war elendig in den Flammen umgekommen; die gekochte Kalbszunge war nur zart und sonst nichts, und das dazu servierte Erdäpfelgröstel verlangte dringend nach Salz und Pfeffer. Ein Wiener Schnitzel, auf der Karte vorsichtshalber als vom Kalb stammend deklariert, befremdete durch dramatischen Faltenwurf (war aber zart). Doch solche Vorkommnisse registriert man beim Herkner wie durch ein umgedrehtes Fernglas; sie schrumpfen zur Belanglosigkeit.

Bürgerlichkeit ist das Thema seiner Küche.

Außerdem sind da noch die Vorspeisen, welche die Treue der Stammgäste leicht verständlich machen. Zum Beispiel die Gänseleber in Gänsefett (keine Foie gras!) von ganz großer Delikatesse. Beim Herkner wird ein Hering mit Sahne und Dill aufgetischt, wie man ihn nicht besser auf Helgoland erwartet; die Hausterrine ist schön locker und gut gewürzt; die eingelegten Paprika haben balkanesische Qualität, und das Knoblauchbrot ist himmlisch. Also beginnt ein Essen in dieser Vorstadtkneipe mit einer fröhlichen

Ouvertüre, und wenn man den ersten halben Liter Grünen Veltliner intus hat, sieht die Welt schon anders aus. Niemand, der hier die Erbsen auf dem Teller zählte, und wenn der Erdäpfelsalat etwas mehr Pfiff nötig haben sollte: Wozu ist die Pfeffermühle da?

Der Herkner selber ist ein dicker Mensch, der vieles schon erlebt hat in seinem gastronomischen Leben und zu der Erkenntnis gelangt ist, daß frisches Obst und Salate im Bauch gären, wodurch Alkohol entsteht.

Deshalb sind die Affen so lustig, sagt sich der Gast, verzichtet auf den Salat und trinkt stattdessen noch einen halben Liter.

Eckel

19. Bezirk
Sieveringer Strasse 46,
Tel. 320 32 18
Geöffnet Dienstag bis Samstag
11.30 bis 14.30 und 18.00 bis 22.30 Uhr;
sonntags und montags
geschlossen;
Reservierung erwünscht;
mit Garten

Ambiente	Küche
☆☆	☆☆☆☆

Das Problem mit dem Eckel ist die Frage, ob man ihn noch unter die Beisl einordnet oder nicht. Die Küche ist weit über dem Durchschnitt, und auch beim Ambiente gibt es Schwierigkeiten. Doch zumindest der erste Raum läßt erkennen, daß hier alles mit einem Vorstadtbeisl begann.

Draussen in der Vorstadt, wo sich Beisl-küche und Gourmet-kultur aufs angenehmste vereinen...

Die Holztäfelung ist noch da, die Stühle, der Kachelofen und andere, kaum wahrnehmbare, typische Details der Rustikal-Kategorie. Sie geben zu erkennen, daß die für den Wiener unabdingbare klassenlose Beislgesellschaft auch beim Eckel existierte, und sei es durch dekorative Relikte. Da hat sich zweifellos etwas geändert. Wer hier einkehrt, weiß, daß er in dem Zwischenbereich landet, wo die Beislküche sich mit der Hochküche vereint. Und daß es hier teurer ist als im üblichen Beisl. Die mit Krebsbutter gratinierte Rotzunge kann man beim besten Willen nicht der Beislküche zurechnen. Auch die mit ihrem Fettmantel im ganzen gebratene Kalbsniere nicht. Und nicht den Hummer. Das alles sind Dinge, die ins Repertoire der Hochküche gehören. (Und im Eckel exzellent ausgeführt werden! Die Kalbsnieren allein lohnen den Weg hinaus in die Sieveringer Straße.)

Doch es geht auch schlichter. Da ist die Erdäpfelsuppe mit Steinpilzen, wobei die Pilze vielleicht eingemacht, aber keinesfalls getrocknet waren. Da gibt es das Butterschnitzel mit Kartoffelpüree (warum »Kartoffel«?), worunter man sich eine saftige Bulette vorzustellen hat, die auf geheimnisvolle Weise all ihrer ordinären Attribute verlustig ging, dafür aber von einem buttrigen Erdäpfelpüree begleitet wird, dem nur ein zusätzlicher Eßlöffel Butter fehlt, um Eingang zu finden in den Sagenschatz der kulinarischen Heldentaten.

Beim Eckel wird mittags sogar ein Spezialteller angeboten, der fast weniger kostet als im ordinären Beisl in der Stadt. (Bei meinem Besuch war es ein Frischlingsbraten mit Rotkraut und Serviettenknödel, und zwar keineswegs eine kleine Portion!)

Reden wir nicht von dem perfekten Reis, der hier als Beilage im Schatten von Fleisch oder Fisch steht, und hätte doch einen Extrapreis verdient!

Reden wir nicht vom superben Umgang mit Pfeffer und Salz, vom Gebrauch des Kümmels in der Erdäpfelsuppe und im Kürbisgemüse; von der Fischbeuscherlsuppe mit den Innereien unserer schwimmenden Freunde; lassen wir die für meinen Geschmack zu heiß gebratenen, gemehlten Garnelen außer acht, die gleichwohl im Inneren faserig waren und ein feines Aroma hatten. Lediglich die hausgemachten Mehlspeisen sind nicht besser als die in vielen Beisln der Innenstadt. Aber die Weinkarte …!

Selbstverständlich sind auch beim ECKEL mehrere Weine im Offenausschank, und man kann sichergehen, daß es nicht die schlechtesten sind. Wer aber etwas Besseres will, findet hier, was er sucht. Und wenn ihm das zu mühsam ist, verläßt er sich auf den Rat des Patrons. Der weiß Bescheid; bei ihm sind die Genießer wie die Weinbeißer gut aufgehoben. Gut? Bestens.

BUTTERSCHNITZEL MIT ERDÄPFELPÜREE

für 4 Portionen

800 g Kalbsschulter, 2 eingeweichte Semmeln, ⅛ l Kaffeeobers, 1 Ei, 1 TL Paprikapulver, Semmelbrösel, 1 kg Erdäpfel, ½ l Milch, 40 g Butter, 2 Zwiebeln

Das Kalbfleisch mit den in Milch eingeweichten und ausgedrückten Semmeln faschieren, mit Ei, Obers, Paprika und Salz gut durchmischen. Mit Zuhilfenahme von Bröseln ovale Laibchen formen und in heißem Öl auf beiden Seiten braten.

Rohe Erdäpfel schälen, vierteln und in Salzwasser weichkochen. Durch die Erdäpfelpresse drücken, mit Milch und etwas Butter glattrühren und mit Salz und geriebener Muskatnuß abschmecken. Zwiebeln nudelig schneiden, mit etwas Mehl und Paprika locker vermischen, in heißem Öl rösten. Die schön angebräunten Zwiebeln auf das Erdäpfelpüree legen.

Renner

19. Bezirk
Nussdorfer Platz 4,
Tel. 378 58 58
Geöffnet Dienstag bis Samstag
9.00 bis 22.00 Uhr;
sonntags, feiertags und montags
geschlossen;
Reservierung erwünscht;
mit Garten

Ambiente	Küche
☆☆☆	☆☆☆☆

Sie hatten mich gewarnt. Vor riesigen Fleischbergen, die der dicke Wirt erbarmungslos vor jedem Gast aufbauen würde. Eine Orgie in Fleisch stünde mir bevor, die ich nicht überleben würde.

SYMPATHISCH EINLADEND IST SCHON DIE BEHÄBIGE THEKE.

Zugegeben, die Portionen sind riesig. Wiener Schnitzel sah ich am Nebentisch auffahren, die so groß waren wie die größten, die ich je gesehen hatte, nur dicker. Vernünftigerweise wurde den Gästen Alufolie ausgehändigt, darin wickelten sie die Überbleibsel ein, also die Hälfte. Es ist auch nicht zu leugnen, daß die Malakofftorte vom reduzierten Sahnepreis in Mitleidenschaft gezogen wurde, indem sie unter einem Großglockner von Obers geradezu begraben war. Aber wen interessiert schon die Menge, wenn die Qualität so gut ist?

Der Nußdorfer Platz liegt draußen, kurz vor Grinzing, ohne jedoch von den Heurigentouristen beachtet zu werden. Das freut die Stammgäste, die im Sommer im Andechser Biergarten hinter dem Haus sitzen. Drinnen sitzt man auch nicht schlecht. Die Proportionen der beiden sich gegenüberliegenden Räume sind angenehm. Viel junges Holz, wohin man faßt, Wände und Decken des hübschen Biedermeierhauses sind allerliebst angemalt und ziemlich wüst dekoriert. Beim REN-

AUCH DER WIRT GENIESST'S, SEINEN BIERGARTEN UND DIE IN JEDER HINSICHT GIGANTISCHEN PORTIONEN.

Zum Renner

NER gibt es neben dem Andechser Bier auch eine »Münchener Weißwurst mit echtem Weißwurstsenf«. Es sind in Wirklichkeit drei Würste, und der Vorsehung sei gedankt, daß andere ausländische Spezialitäten keinen Eingang gefunden haben in die Küche am Nußdorfer Platz. Dafür war das Tafelspitzsülzchen mit einer Waggonladung roher Zwiebelringe bedeckt. Doch nachdem ich sie zur Seite geschaufelt hatte, gelangte ich an die zarteste und eleganteste Rindfleischsülze, die ich mir vorstellen konnte. Doch das war nur der Anfang. Es folgten ein Saftbraten vom Tafelspitz, den man mit dem Löffel essen konnte.

Sodann ein gekochtes Stück Rindfleisch, gleichzeitig fest, saftig und aromatisch, sowie

VON TOURISTEN NOCH UNENTDECKT: DIE LIEBEVOLL BEMALTEN BIEDERMEIERSTUBEN.

ein Jungschweinsbraten, der geeignet war, die Fundis der Anti-Schweineliga zum allein seligmachenden Glauben der Ringelschwanzanbeter zu bekehren. Dazu ein süßlicher Krautsalat mit Speckwürfeln, dessen ungewöhnliches Aroma ich gnädig der Folklore zurechne, wohingegen die Rindsbrühe um das Kochfleisch köstlich war, die verschiedenen Knödel alle Erwartungen der Knödeltenöre erfüllten und die Mehlspeisen – mein Gott, wir haben sie alle aufgegessen!

Beim Renner gibt es viele Dinge, die es woanders nicht gibt, jedenfalls nicht in solcher Menge und nicht in dieser Qualität. Außerdem hat er eine Käsekarte mit vielen Schafs- und Ziegenkäsen aus dem Waldviertel und eine Weinkarte,

Der geeignete Versammlungsort für alle, die noch wissen, wie gut Qualität schmeckt.

auf der Rieslinge und Grüne Veltliner aus dem Jahr 1985 angeboten werden. Es bereitete dem geduldigen Kellner offensichtlich Schwierigkeiten, die alten Flaschen im Keller zu finden, aber unser Warten wurde belohnt. Der 1985er Riesling von Malat Bründlmayer hatte jene edle Altersreife, die bei den hastigen Trinkgewohnheiten unserer Tage zur Rarität geworden ist.

TAFELSPITZSÜLZCHEN

Kalbsköpfe, Rinderknochen, Wurzelgemüse,
Salz, Pfefferkörner, Kuttelkraut, Essig,
fein gehackte Zwiebeln, Öl, Pfeffer

Kalbsköpfe und Rindsknochen (alles rein geputzt) werden mit reichlich Wasser aufgefüllt. Nach dem Aufkochen und Abschäumen kommt grob geschnittenes Wurzelwerk, Salz, Pfefferkörner, Kuttelkraut und etwas Essig dazu. Der Tafelspitz wird in diesem Sud langsam sehr weich gekocht. Dann wird er aus dem Sud genommen, vom Fettrand befreit, nudelig geschnitten und in eine passende Kasserolle gegeben. Der Sud wird entfettet, abgeseiht und darübergegossen, danach wird das Ganze nochmals aufgekocht und schließlich kaltgestellt. Nach dem Festwerden wird das Tafelspitzsülzchen in Stücke geschnitten und aus der Kasserolle gehoben, mit feingehackten Zwiebeln, Essig, Öl und etwas Pfeffer serviert.

Ofenloch's Localblatt

Erste Wiener Beiselzeitung

Wien, Innere Stadt,
Kurrentgasse 8

15. Jahrgang 94/95
Tischreservierung 533 88 44
Gästeruf 533 72 68

Glossarium

Agrasl	= Stachelbeere
Aschanti	= Erdnuß
Beiried	= Rippenstück vom Rind
Beuschel	= Ragout von Lunge und Herz
Blunze	= Blutwurst
Bries	= Kalbsmilch
Brimsen	= Schafkäseart
Brösel	= Paniermehl
Dampfel	= in etwas erwärmter Milch aufgehende Hefe
Eierschwammerl	= Pfifferlinge
Eierspeis	= Rühreier
Einbrenn	= Mehlschwitze
Erdäpfel	= Kartoffeln
Faschiertes	= Hackfleisch
Fisolen	= grüne Bohnen
Fleckerln	= in kleine Quadrate geschnittener Nudelteig
Fleischlaibchen	= Frikadellen
Frankfurter	= Wiener Würstchen
Frittaten	= fein geschnittene Pfannkuchen

Gelbe Rübe	= Möhre
Germ	= Hefe
Grammeln	= Grieben
G'röste	= Bratkartoffeln
Gugelhupf	= Napfkuchen
Häuptelsalat	= Kopfsalat
Hendl	= Hähnchen
Karbonade	= Rippenstück vom Schwein
Karfiol	= Blumenkohl
Karotten	= Mohrrüben
Kernfett	= Rinderfett
Kernöl	= Kürbiskernöl (steir. Spezialität)
Kipferl	= Hörnchen
Kipfler	= Salatkartoffel
Kitz	= Zicklein
Knödel	= Klöße
Kohl	= Wirsing
Kohlrabi	= Kohlrübe
Kohlsprossen	= Rosenkohl
Kraut	= Weißkohl

Kren = Meerrettich
Kriecherl = Pflaumenart
Kukuruz = Mais
Kuttelfleck = Kaldaune
Kuttelkraut = Thymian
Lungenbraten = Lende, Filet
Marillen = Aprikosen
Maroni = Edelkastanien
Maschansker = Borsdorfer Apfel
Nagerln = Gewürznelken
Palatschinken = Pfannkuchen
Paradeiser = Tomaten
Polenta = Maisgrieß
Powidl = Pflaumenmuß
Quargel = würziger Quarkkäse

Rahm = saure Sahne
Ribisel = Johannisbeeren
Ringlotte = Reneklode
Rote Rübe = rote Bete
Rotkraut = Rotkohl
Sauce = Tunke
Sauerkraut = Sauerkohl
Schlagobers = Sahne
Schlögel = Keule
Schöpsernes = Hammelfleisch
Schmankerl = Leckerbissen
Schwammerl = Pilz
Schweinsjungfer = Schweinsfilet
Semmel = Brötchen
Senf = Mostrich
Stanitzel = Tüte
Staubzucker = Puderzucker
Topfen = Quark
Vogerlsalat = Rapunzelsalat
Weichsel = Sauerkirsche
Wurzelwerk = Möhre, Petersilie, Sellerie
Zeller = Sellerie

Register

Beisln

REZEPTE